卓文 编著

小问号 大天下

XIAOWENHAO KAN

精彩纷呈的知识之旅
奥妙无穷的大千世界

社会生活大宝典

上海科学普及出版社

图书在版编目（CIP）数据

社会生活大宝典 / 卓文编著 . — 上海：上海科学普及出版社，2007.8（2018.4 重印）

（小问号看大天下）

ISBN 978-7-5427-2410-6

Ⅰ. 社… Ⅱ. 卓… Ⅲ. 社会生活—普及读物 Ⅳ. C913-49

中国版本图书馆CIP数据核字（2007）第064814号

策　　划　科　普

责任编辑　张吉容

统　　筹　刘湘雯

小问号看大天下

社会生活大宝典

卓　文　编著

上海科学普及出版社出版发行

（上海中山北路832号　邮政编码 200070）

http://www.pspsh.com

各地新华书店经销　　北京市艺辉印刷有限公司印刷

开本 787×1092　1/16　印张 13　字数 218 000

2007 年 8 月第 1 版　　2018 年 4 月第 3 次印刷

ISBN 978-7-5427-2410-6/TS · 138　　定价：39. 80 元

总序

传说求知城有一个聪明好学、热爱科学的小朋友，他的小脑瓜儿中总是会涌现出好多疑问，这些疑问无时无刻不在激发着他的好奇心和求知欲……他就是本系列丛书的主角——小问号。

一天，小问号抱着书本在海边看书，没想到竟与智慧爷爷不期而遇。这位智慧爷爷可是全国著名的大学问家，是小问号崇拜已久的偶像，可谓学富五车、才高八斗。最重要的是，他善于用孩子们能够理解、容易接受的方式解答他们的各种问题。

见到智慧爷爷，小问号高兴得手舞足蹈，心想：这下我的疑问总算能够得到解决了。于是他有礼貌地上前打招呼：“您好，智慧爷爷，我是小问号，我能问您一些问题吗？”“当然可以。”智慧爷爷一开始便喜欢上了这个既好学又懂礼貌的好孩子。“智慧爷爷，白鳍豚如何认路？遥控器为什么能遥控电视和空调？隐形飞机真的能隐形吗？为什么说中国人是龙的传人？人工降雨是怎么回事？塔克拉玛干沙漠为什么被称作死亡之海？人类真的能移居外星球吗？宇宙会发生大爆炸吗？大脑是怎样记忆的？……”一口气问下来，小问号自己也不知问了多少个问题。

智慧爷爷不禁惊呆了：这个小家伙儿真是聪明好学、思维敏捷啊！他的阅读范围如此广泛，竟然是动植物、社会生活、军事体育、历史人物、绿色环保、地理资源、人文景观、宇宙奥秘、人体健康等领域无所不包。智慧爷爷越来越喜欢小问号了。于是他决定带着小问号去看大天下，让他学到更多课堂以外的知识，最大限度地扩大知识面，激发他的学习兴趣，为全面发展打下坚实的基础。

想到这里，智慧爷爷满心欢喜。看着身边求知若渴的小问号，他热情地携起小问号的手，开始了“小问号看大天下”之旅。智慧爷爷领着小问号《走进动植物王国》，熟悉生物百态；为他讲解《社会生活大宝典》，解读社会生活中的奥秘；引领他观赏《军事体育面面观》，熟悉军事、体育知识；陪他《解读历史·人物》，了解历史知识和历史名人；带他走入《绿色自然　环保家园》，关爱地球、保护环境；与他共同探索《神秘的地理与资源》，知晓山川地貌的形成与资源保护措施；一起《漫游自然人文景观》，领略世界风土人情；引导他《开启探索发现之门》，感受探索与发现后的充实与喜悦；指导他《探索宇宙奥秘》，遨游茫茫太空，解答宇宙之谜；指引他《揭开人体健康之谜》，了解人体、关注健康。

在“小问号看大天下”之旅中，智慧爷爷还特别注重知识内容的丰富性、科学性及趣味性，紧扣时代脉搏，以通俗、准确、严谨、生动有趣的语言，配以精美的图片，通过“智慧问答”中与小问号的一问一答，引出重点内容并作以详细讲解，又在“知识快车”中进行加强和巩固，最后还在“超级链接”中引出相关内容，最大限度地扩展知识面。

怎么样，小朋友，你们喜欢小问号吗？想和他交朋友吗？愿意听智慧爷爷详尽的讲解，并和小问号共同学习知识、一起成长吗？那么，赶快来吧！

目录

生活篇

1. 炒栗子时为什么放沙子 …… 1
2. 黑色食品为什么受欢迎 …… 3
3. 菠萝应该怎样吃 …… 5
4. 为什么铝锅会变暗 …… 7
5. 为什么用冷水解冻食物 …… 9
6. 经常吃方便面好不好 …… 11
7. 面包和馒头为何有小孔 …… 13
8. 空着肚子吃糖果好不好 …… 15
9. 隔夜茶能不能喝 …… 17

10. 喝汽水后为什么会打嗝 …… 19
11. 熟饺子为什么会浮起来 …… 21
12. 香蕉能在冰箱里贮藏吗 …… 23
13. 在高山上为何煮不熟饭 …… 25
14. 水到热油里为什么会响 …… 27
15. 自来水是从哪里来的 …… 29
16. 为什么人不能吃得太咸 …… 31
17. 喝酒有益于健康吗 …… 33
18. 儿童宜多吃松花蛋吗 …… 35
19. 煮牛奶表面为什么会结皮 …… 37
20. 为什么夏季的食物易腐烂 …… 39
21. 剥切洋葱时为何会流泪 …… 41
22. 鱼肉为何比畜肉易腐坏 …… 43
23. 水果为什么能解酒 …… 45
24. 苹果有多少种类 …… 47

25. 什么是茶道 …………………… 49
26. 饺子是怎样得名的 ……………… 51
27. 壶里的水垢是哪里来的 ………… 53
28. 吃完面食为什么要喝汤 ………… 55
29. 什么是绿色食品 ………………… 57
30. 吃冰激凌能解渴吗 ……………… 59
31. 鸡蛋能生吃吗 …………………… 61
32. 塑料袋都能装食品吗 …………… 63
33. 为什么说吸烟有害健康 ………… 65
34. 洗衣机是怎样洗衣服的 ………… 67
35. 怎样科学使用洗涤剂 …………… 69
36. 旅游鞋尖与跟为何上翘 ………… 71
37. 卫生球到哪里去了 ……………… 73
38. 穿羽绒服为什么暖和 …………… 75
39. 噪声的危害有多大 ……………… 77
40. 焰火为什么五彩缤纷 …………… 79
41. 夏天为什么要防晒 ……………… 81
42. 怎样洗头才科学 ………………… 83
43. 睡觉为什么要枕枕头 …………… 85
44. 肥皂为什么会起泡泡 …………… 87
45. 废电池有什么危害 ……………… 89
46. 灯泡用久了为何会发黑 ………… 91
47. 养宠物会影响健康吗 …………… 93
48. 怎样擦玻璃又快又干净 ………… 95
49. 暖气片为何要靠窗安装 ………… 97
50. 遥控器为什么能遥控 …………… 99

51. 吸尘器为什么能除尘 …………… 101
52. 蜡烛为什么有芯 ……………… 103
53. 落叶为什么正面着地 ………… 105
54. 为什么乘车要系安全带 ……… 107
55. 火车为什么用双层玻璃 ……… 109
56. 什么是磁悬浮列车 …………… 111
57. 人为什么会晕车、晕船 ……… 113
58. 安检设备是怎样工作的 ……… 115

社会篇

59. 过年为什么要贴春联 ………… 117
60. 正月十五为什么闹元宵 ……… 119
61. “三八”妇女节是怎么来的 ……… 121
62. 清明节为什么要扫墓 ………… 123
63. 劳动节是怎么来的 …………… 125
64. “六一”儿童节是怎么来的 ……… 127
65. 端午节有什么传统活动 ……… 129
66. 中秋节为什么要吃月饼 ……… 131
67. 教师节是怎么来的 …………… 133
68. 国庆节是怎么来的 …………… 135
69. 重阳节是怎么来的 …………… 137
70. 泼水节是怎么来的 …………… 139
71. 火把节是怎么来的 …………… 141
72. 十二生肖是怎么来的 ………… 143
73. 母亲节是怎么来的 …………… 145
74. 圣诞节是怎么来的 …………… 147

75. 中药店为什么称为“堂” …………… 149
76. 大红双喜字是怎么来的 …………… 151
77. 为什么称史书为“汗青” …………… 153
78. 中国人为什么喜欢“8” …………… 155
79. 为什么称京剧为“国粹” …………… 157
80. 握手礼是怎么形成的 …………… 159
81. 厨师为什么要戴白帽子 …………… 161
82. 诺贝尔奖是怎么来的 …………… 163
83. “唐人街”是怎么来的 …………… 165
84. 奥运会是怎么来的 …………… 167
85. 世界上有多少个民族 …………… 169
86. 鸽子为什么象征和平 …………… 171
87. 过生日为什么要吹蜡烛 ………… 173
88. 阿拉伯妇女为何戴面纱 ………… 175
89. 星期制度是怎么来的 ………… 177
90. 维也纳为何是音乐之都 ………… 179
91. 降半旗致哀是怎么来的 ………… 181
92. 信用卡是怎么产生的 ………… 183
93. 铅笔上的 H、B 表示什么 ………… 185
94. 红十字协会是怎么来的 ………… 187
95. 交通灯为何是红黄绿色 ………… 189
96. 理发店前的灯柱为何意 ………… 191
97. 汽油的标号是怎么回事 ………… 193
98. 怎样识别真假人民币 ………… 195
99. 为什么黄金特别贵重 ………… 197
100. 什么是 OICQ ………… 199

1 炒栗子时为什么放沙子

智慧问答

唐山板栗

糖炒栗子又香又甜，大家都很喜欢吃。小朋友们，不知你们注意到没有，人们在炒栗子时，总是把栗子放到有很多沙子的炒锅中一起炒。为什么炒栗子时要放沙子呢？原来是因为又大又圆的栗子直接放在锅里炒会受热不均匀，往往一面没熟，另一面已经糊了。而沙子比栗子受热快，滚烫的沙子把栗子包裹起来，可以让栗子在翻炒中受热更均匀，熟透得更快，而且还不会糊呢！

成熟的栗子

同样的道理，炒花生或榛子等干果时也可与沙子一起炒，这样炒出来的干果特别好吃！

知识快车

你知道栗子的营养价值吗？

爆裂的栗子

栗子又叫板栗，是我国的特产之一。栗子中含糖及淀粉高达62%~70%，并含有丰富的蛋白质和脂肪。此外，栗子还含有胡萝卜素、核黄素、抗坏血酸等多种营养素，并且可以代粮食用，民间常将其与枣、柿并称“铁杆庄稼”或“木本粮食”。栗子全身是宝，其内果皮、外果皮、树叶、树皮及花均可入药。

超级链接

栗子情意

南宋时，陆游在《老学庵笔记》中记述了这样一段动人的故事：“故都（指北宋的汴京，即今开封）李和炒菜，名闻四方，他人百计效之，终不可及……绍兴中，陈福公及钱上阁，出使虏庭，至燕山，忽有两人持炒栗各十裹来献……自赞曰：‘李和儿也。’挥涕而去。”意思是汴京的炒菜专家李和因外族入侵家破业敝，他的儿子带着炒栗的绝技流落燕山。看到故国的使者，他情难自禁，用栗子向故国使者表达对祖国统一的热切期望。

栗子结满枝头

2 黑色食品为什么受欢迎

智慧问答

黑芝麻

黑色食品是指大自然在漫长的发展演变过程中，产生的含有天然黑色素的黑色植物、黑色动物以及用这些含黑色素的生物加工制成的各种食品。黑色食品中一般都含有丰富的微量元素和矿物质，其中钙、磷、铁尤其丰富。同时，黑色食品中的天然黑色素，可以使我们的头发变得乌黑而有光泽。不仅如此，黑色食品还可以调节和改善人的胃肠功能呢！

黑豆

现在，人们在选择食品时不仅要求口味好，而且还要有益于健康。除了我们比较熟悉的绿色食品外，许多黑色食品也越来越受到人们的欢迎。这些黑色食品以其独特的营养价值，逐渐在人们的餐桌上占有了一席之地。

知识快车

你了解黑色食品的保健功效吗？

经研究表明，黑色食品的保健功效除了与它所含有的三大营养素（蛋白质、脂肪及糖类）、维生素、微量元素有关之外，它里面的黑色素类物质也发挥了特殊的积极作用。黑色素具有清除体内自由基、抗氧化、降血脂、抗肿瘤、美容等功效，具有一定的医疗保健作用。所以，我们要多多补充黑色食品！

黑米

超级链接

黑木耳的营养功效

黑木耳是一种常见的黑色食品，富含多种维生素和矿物质，铁、蛋白质含量也很高。经常吃黑木耳，可以补充身体需要的铁元素，防治缺铁性贫血，还可以清除不慎进入肺部的粉尘、毛屑等杂物。另外，黑木耳中含有能降低血脂和血液黏稠度的腺苷，是心脑血管病患者的食疗佳品。

种植黑木耳

3 菠萝应该怎样吃

智慧问答

菠萝

菠萝虽然含有丰富的营养成分，但也含有三种有害物质：甙类、5-羟色胺和菠萝蛋白酶。其中的菠萝蛋白酶是一种蛋白质水解酶(异性蛋白)。由于这三种物质的存在，吃未经盐水浸泡的菠萝，可引起过敏反应，有些人还会产生恶心、呕吐等症状，而淡盐水可以破坏菠萝蛋白酶，清除引起过敏反应的物质。因此，人们在吃新鲜菠萝之前，可先用淡盐水把菠萝泡半个小时左右。

菠萝美食

知识快车

你知道菠萝的种植地及营养成分吗？

菠萝的“老家”在南美洲的巴西，300多年前，它在中国“安家落户”。菠萝在我国的主要种植区是南方的热带地区，共有70多个品种，是岭南四大名果之一。菠萝中含有丰富的维生素A、维生素B族、维生素C、磷、蛋白酶和柠檬酸等物质，还含有大量的葡萄糖、果糖，是一种优质的水果。

菠萝产地

超级链接

菠萝果肉

科学吃菠萝

菠萝味道鲜美，但即使是用淡盐水泡过的菠萝，吃多了也会闹肚子。这是因为盐水不能把菠萝中的酶全部去掉，这些酶到了肚子里，就会刺激肠胃。所以，小朋友可不要一下子吃太多哟。

另外，菠萝也不宜长时间浸泡。因为其中含有大量维生素C，如果浸泡时间长了，水中的氧气就会和维生素C发生化学反应，使维生素C遭到破坏。浸泡的时间越长，破坏程度就越大，营养成分也就会越少。因此要把握好浸泡时间！

4 为什么铝锅会变暗

智慧问答

各种铝质用品

铝制品如铝锅、铝饭盒等既轻便又耐用,但它们也有不足之处,那就是刚刚擦拭得亮晶晶的,过不了多久颜色就会变暗。这是因为铝的化学性质非常活泼,很容易和空气中的氧气发生氧化反应,生成一层薄薄的氧化铝。因为氧化铝是黑色的,所以刚擦拭过的铝制品的表面就变得不光亮了。不过,你可别小看这层氧化铝薄膜,它不溶于水,而且非常致密,紧紧地附在铝制品的表面,能够阻止里面的铝继续被氧化,起到保护铝制品的作用。

精美铝锅

知识快车

铝制品不能存放、烹煮哪些食物呢？

日用铝锅

铝制品表面的氧化铝薄膜虽然不溶于水，但却容易被酸性或碱性溶液腐蚀。所以，尽量不要用它来煮酸性或碱性的食物，也不宜用它来长期存放这样的食物。不然，铝制品就会被“咬”出小洞。

超级链接

铝制炒锅

铝锅与铁锅的利弊

铝锅释放出的铝会破坏维生素的营养，人过多食用这种含铝量高的食物容易造成痴呆。所以在炒菜时，最好选用铁制或不锈钢锅。铁锅虽好但也有弊端，那就是很容易生锈，而铁锈是不溶于水的，人吃了不容易消化。所以每次用铁锅炒完菜后，最好马上洗干净，并用软布拭干。另外，吃不完的菜最好不要放在铁锅里，不然也容易生锈。

5 为什么用冷水解冻食物

智慧问答

速冻食品

冰箱中的各色美食

冰箱是现代家庭生活中必不可少的电器，很多东西像鱼、肉等都可以放入冰箱冷冻起来，这样就不容易坏了，在准备食用时只要拿出来化开就可以了。小朋友，你们有没有注意到妈妈解冻冷冻食品时，用的都是冷水，而不是热水，这是为什么呢？

这是因为：鱼、肉放在冰箱的冷冻区里，里外冻得都很硬。如果用热水冲烫来解冻，只能使冷冻食品的表面受热，热量不能很好地传导到里面去，食品不但不会很快化开，还会损失掉许多营养成分。另外，用热水化冻时，里外的解冻程度不一样，导致食物不容易煮熟，味道也不鲜美。正确的方法是将冷冻食品放在冷水中浸泡，让它慢慢地解冻，既能保证味道鲜美，又可保持营养成分。

知识快车

如何加快冷冻食品的解冻速度？

如果你想让冷冻食品加快解冻速度，可以采用以下两个方法：一是把它们放在加了盐的冷水中，这样就不会损坏食物的营养成分，而且味道更鲜美；二是把冷冻食品放在微波炉中，并启动解冻功能进行解冻。

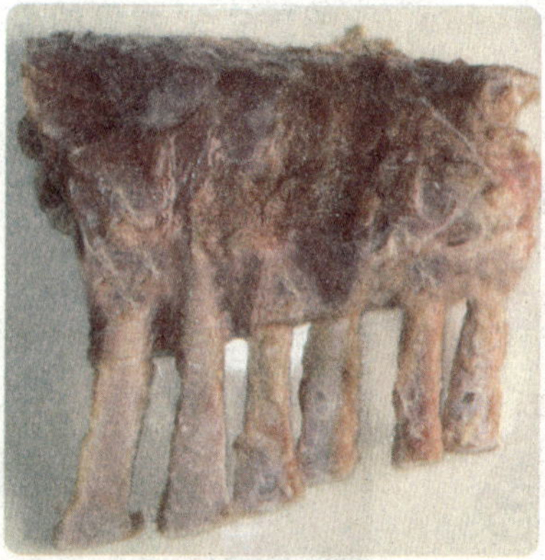
解冻食品

另外，从冰箱里拿出来的剩饭菜，必须经高温热透了再吃。因为细菌有很强的生命力和适应能力，即使在冰箱中也不会被冻死，只是不能活动、繁殖得很慢；一旦到了暖和的地方，它们又会猖狂起来。只有经过高温热透，才能起到消毒、杀菌的作用。

超级链接

穆宾巴效应

小朋友，你们知道吗？如果把一杯冷水和一杯热水同时放进冰箱或者置于寒冷的室外，热水比冷水更容易结冰。这个神奇的自然现象被称为“穆宾巴效应”。据说，这一现象是在1969年盛夏，被一个叫艾·穆宾巴的人在制作冰激凌的时候发现的。不过，热水为什么比冷水冻得快，至今还没有确切的解释，相信不久以后这个谜团就会被解开了。

验证穆宾巴效应

6 经常吃方便面好不好

智慧问答

方便面

方便面的主要成分是糖类和一些调味品，虽然随着生产工艺的改进，它的口味越来越好，但还是缺乏人体必需的蛋白质、脂肪、维生素等营养物质。另有些劣质方便面在炸制的时候用的多是不合格的油，而且为了延长保质期，还在面中加入了一些不利人体健康的防腐剂。因此，如果长期食用方便面，会引起营养不良，如体重减轻、消瘦、水肿、皮肤干燥、贫血、易患感冒等症状。据营养学调查表明，长期吃方便面，有60%的人患营养不良，54%的人患缺铁性贫血，23%的人缺乏维生素A，20%的人缺乏维生素B_2（核黄素），还有16%的人缺锌。尤其是老年人和儿童，因消化功能不强，多吃方便面更易引起营养不良。

诱人食欲

知识快车

吃优质方便面的好处是什么?

优质方便面在炸制时,用的都是特级或一级的棕榈油,而且一边炸制还一边添加维生素 E,因为维生素 E 是一种强抗氧化剂,可以起到防腐的作用,而且可以补充人体所需的维生素,这种面是很有营养的。

优质方便面

超级链接

方便面之父

方便面的发明人是安腾百福,原名吴百福,日籍华人。1958 年 8 月,安腾百福发明的"鸡汤方便面"试销品,在东京的百货商店里大受欢迎,很快被抢购一空。由此以后,方便面便开始畅销起来。

碗面

7 面包和馒头为何有小孔

智慧问答

做面包

小朋友如果仔细观察，就会发现面包和馒头里面布满了细密的小孔，这些小孔使面包和馒头像海绵那样柔软而富有弹性。

面包

面包和馒头为什么会有这么多小孔呢？这是因为人们在做面包或馒头的时候，都要加些酵母，酵母能使面团发酵，并能产生许多种酶，这些酶再把淀粉分解成麦芽糖，并产生二氧化碳气体。在烤制面包或蒸馒头时，面团里的二氧化碳受热膨胀，于是面包或馒头中就出现了很多细密的小孔。

知识快车

你知道鲜酵母吗？

鲜酵母是一种含酵母菌体的奶黄色软固体，如果把它放在温度适宜（30~36℃）的糖水中，它会繁殖得很快，另外鲜酵母还能保存在冰箱中。用它做出的面包和馒头，不仅口味好，而且营养也丰富。

酵母粉

超级链接

白面馒头

馒头的由来

馒头原先叫“瞒头”，它是怎么来的呢？传说，当年诸葛亮带兵渡泸水时，水势汹涌，无法渡河。当地的老百姓说，要用人头祭河神才能过去。杀人取头太残忍，于是诸葛亮就想出了一个办法，把面粉做成一个个像人头一样的东西来祭神。因为这种东西是用来当人头瞒河神的，所以被称为“瞒头”。时间久了人们就称其为“馒头”了。

8 空着肚子吃糖果好不好

智慧问答

甜菜

糖果、巧克力、果汁饮料等味道都是甜甜的，大家都很爱吃。小朋友在饿了的时候，喜欢吃糖块儿或巧克力来充饥。不过，空着肚子吃糖可不好。

糖果、巧克力、果汁饮料这些食品在空腹时食用会影响人体的正常代谢功能。由于空腹吃东西肠蠕动很快，食物中的营养物质来不及被消化吸收，就进入了大肠，这就造成营养成分的浪费。另外，糖会与蛋白质结合，改变其原来的分子结构，成为蛋白质聚糖物质，大大降低它原有的营养价值，妨碍人体对蛋白质的吸收利用 。众所周知，蛋白质是人类生命活动所必需的基础物质，也是人体细胞的主要组成部分。所以空着肚子吃糖果会严重影响儿童的生长发育。

各种糖果

知识快车

吃糖蛀牙

多吃糖为什么会引起蛀牙？

糖是碳水化合物，部分糖果常粘在牙缝里，为那里的细菌提供充分的养料。细菌获得养料后，就生长繁殖起来，同时产生一种乳酸。乳酸是腐蚀牙齿的能手，时间长了牙齿就被蛀坏了，形成蛀牙。所以小朋友们要少吃糖果。

超级链接

不宜空腹吃的食物

除糖果外，西红柿、橘子、柿子、香蕉等水果也不宜空腹吃。这是因为西红柿中含有果胶、杭胶酚、可溶性收敛剂等，空腹吃西红柿，其中的物质就会与胃酸结合，引起胃部胀痛；橘子中含有大量的糖分和有机酸，空腹吃很容易引起胃胀、反酸；柿子所含的鞣质与胃酸发生反应会形成“柿石”；香蕉富含钾和镁，空腹吃的话，对心血管不利。另外，空腹吃煮地瓜也不好，这样会使胃酸分泌过多，容易造成胃胀气、反酸，既难受也不利于身体健康。所以小朋友们可要注意喽！

橘子

9 隔夜茶能不能喝

智慧问答

美点香茶

很多人认为隔夜茶不能喝,因为头一天泡的茶水放到第二天,颜色会变为红褐色,就以为茶水变质了。其实,茶水之所以变色是因为茶水中的茶多酚被氧化成了茶色素的缘故,但茶水并没有变质。当然,茶水放久了,其中的维生素 C 会大大减少,但依然具有抗病作用,这是因为茶水中的茶多酚和茶色素均有很强的抗癌、抗氧化功效。但是,夏天天气炎热,茶水容易变质,如果放了 24 小时以上,就不能喝了,否则会引起腹泻。所以,只要没有变质,隔夜茶还是可以喝的。

各种茶叶

知识快车

你了解茶的营养价值吗？

茶具

茶是人们喜爱的饮料之一，它不仅风味独特，而且含有大量对人体有营养价值和保健功效的物质。人体日常所必需的86种元素，茶叶中就含有28种。因此，人们称茶为“人体营养的补充源”。据科学研究证实，茶也是一种良好的调节剂，对提高人体免疫功能、开发智力、预防衰老等都很有效果；同时，茶还能预防和辅助治疗多种疾病。可以说，茶是一种神奇的饮料。

超级链接

茶山风光

中国茶

中国是茶的故乡，饮茶在我国已有几千年的历史了。茶按不同制法可分为三类：一是绿茶，这是不发酵茶，是我国出现最早、产量最大的茶类，主要产于江苏、浙江、安徽等省，以江苏碧螺春、西湖龙井和黄山毛峰为代表；二是红茶，这是发酵茶，为我国第二大茶类，汤色以红色为主，因此得名，以祁红、滇红为代表；三是乌龙茶，这是半发酵茶，茶叶边沿发酵，中间不发酵，以铁观音为代表。

10 喝汽水后为什么会打嗝

智慧问答

汽水

夏天容易口渴，冰凉的汽水成为人们最好的解渴饮料。但喝完汽水后，人们往往会打嗝，这是因为汽水属于碳酸饮料的一种，它是以加压的方式把二氧化碳压进水中，然后加盖密封制成的。二氧化碳在常温下是气体，不太容易溶解在水中，必须用很高的压力才能让其溶解于水，为了不让压力跑掉，因此要给瓶子加盖密封。但是，我们喝汽水的时候，要打开瓶盖，瓶中的压力自然就会减小，原本溶解在水中的二氧化碳就有许多逸出。我们喝下后还有一部分气体没释放完就会从肚子里跑出来，形成打嗝。

开汽水

知识快车

汽水为什么能清凉解暑？

当汽水被我们喝下以后，由于其中所含的二氧化碳不能被肠胃吸收，加上体内温度高，原先被压进水中的二氧化碳就和水分开，很快会从口腔中跑出来，这样，二氧化碳会带走体内很多热量，使人觉得凉爽，起到解暑作用。

浪漫消暑

超级链接

激情荡漾

汽水的发明

汽水是18世纪的英国人约瑟夫·普利斯里发明的，同时他也是氧气的发现者。普利斯里对化学有着浓厚的兴趣，他在约克郡做教会牧师的时候，隔壁刚好是一间酿酒厂，于是他便能就近取得啤酒发酵所产生的气体（当时不知道是二氧化碳）来做实验。他发现这种气体可以溶解在水中而改变水的口感。于是他发明了这种有气泡的饮料，后来演变出各种口味，逐渐发展成今天的汽水。

11 熟饺子为什么会浮起来

智慧问答

手工水饺

煮饺子

饺子鲜香味美，小朋友们一定爱吃吧，而且也一定看到过妈妈煮饺子的情景：饺子刚放进锅里的时候，是沉在水里的，煮一会儿就浮到水面上来了。这是什么原因呢？

大家都知道，物体受到的浮力与体积有关。饺子在煮的过程中受热体积会增大，所受浮力也增大。饺子放到开水里煮时，外面的皮先受热所以先熟，但里面的馅儿却还没熟，这样饺子就沉在锅底。当馅儿熟透，饺子内部受热膨胀，饺子的体积就会增大，受到的浮力也增大了，所以饺子就浮上了水面。

知识快车

煮饺子有哪些技巧？

饺子鼓起“肚子”后，用筷子轻轻点一点，如果饺子皮陷下去很快又鼓起来，说明饺子已经熟了。这是因为，熟了的饺子皮弹性很好。另外，饺子浮起来后，应该敞开锅盖，再煮几分钟，但不要太长，否则就会把饺子煮破。

开锅

超级链接

饺子馅

各色饺子馅

饺子因其馅料不同，口味也不同。其中有猪肉水饺，羊肉水饺、牛肉水饺、三鲜水饺、红油水饺、高汤水饺、花素水饺、鱼肉水饺、水晶水饺等等。其口味各异，味道鲜美。

12 香蕉能在冰箱里贮藏吗

智慧问答

有人认为冰箱能保鲜，于是便把刚买来的香蕉放进冰箱内保存，这样做只会适得其反。因为香蕉是热带水果，它喜暖不喜凉。冰箱里的温度要比香蕉生长环境的温度低很多，香蕉一进冰箱就会不适应，为了适应冰箱内的低温，香蕉只好不停地进行新陈代谢，所以腐烂的速度反而要比没进冰箱时更快。

成熟的香蕉

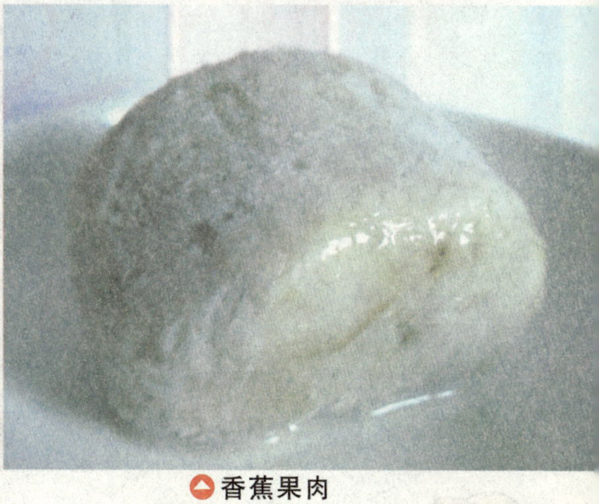

香蕉果肉

知识快车

你知道如何区分香蕉与芭蕉吗？

(1)香蕉弯曲呈月牙状，果柄短，果上有5~6个棱；芭蕉的两端较细，中间较粗，一面略平，另一面略弯，呈“圆缺状”，而且果柄较长，果上只有3个棱。

芭蕉树

(2)香蕉未成熟时为青绿色，成熟后则变为黄色，并带有褐色斑点，果肉呈黄白色，横断面接近圆形；芭蕉果皮呈灰黄色，成熟后无斑点，果肉呈乳白色，横断面为扁圆形。

(3)香蕉香味浓郁，味道甜美；芭蕉的味道虽甜，但回味带酸。

超级链接

香蕉的旅程

我国的香蕉主要生长在海南、广东、广西一带。如果将成熟的香蕉运到北方来卖，一路上会烂掉许多。所以，香蕉多数是在未熟的时候采摘的，然后再运到北方上市。到北方的时候，青香蕉就变成了黄香蕉。

青香蕉

13 在高山上为何煮不熟饭

智慧问答

高山景观

高山上煮不熟饭，与水的沸点降低有关。山越高，空气越稀薄，大气压强就越小，水的沸点也开始降低。在高山上，水不到 100℃就开始沸腾了，然而水温却超不过 85℃，所以煮不熟饭。如我国的青藏高原平均海拔 4 000 多米，在那里水在 70℃时就沸腾了。

布达拉宫

知识快车

怎样在高山上吃到熟饭呢？

压力锅

为了能在高山上煮熟饭，人们设计了适合高山环境下烧水煮饭的压力锅。用压力锅烧水煮饭，水蒸气无法从锅内跑出来，从而增大了锅内压强，水就能达到100℃的沸点，生米也就能煮成熟饭了。

超级链接

高原反应

海拔高的地区不但水无法烧开，还会引起一部分人的高原反应。高原反应是人到达一定海拔高度后，身体为适应因海拔升高而造成的气压低、含氧量少、空气干燥等的变化，而产生的自然生理反应。一般海拔高度达到2 700米左右时，人就会有高原反应。高原反应的症状一般表现为：头痛、气短、胸闷、厌食、微烧、头昏、乏力等。部分人因空气含氧量少而出现嘴唇和指尖发紫、嗜睡、精神亢奋等现象；也有部分人因空气干燥而出现皮肤粗糙、嘴唇干裂、鼻孔出血或积血块等。

高原景色

14 水到热油里为什么会响

智慧问答

锅盖

水溅到热油锅里就马上会噼啪作响。为什么会这样呢？这是因为油与水的沸点不同，油加热到200℃以上才会沸腾，而水到100℃时就沸腾了。所以，水一滴到热油锅里就会立刻沸腾起来，变成水蒸气，并以极快的速度向四面八方飞溅，使油锅表面的空气振动，发出噼噼啪啪的声音；同时，水蒸气还会带着油滴一起飞出油锅。飞溅出来的油滴温度很高，如果不小心溅到皮肤上，就很容易被烫伤。

沸腾的油锅

知识快车

油和水是相溶的吗？

油炸

油和水是不能相溶的，所以我们常会看到油漂在菜汤上面。不过，若是往油和水里加些洗涤液它们就会相溶了。

超级链接

烫伤的紧急救护

炸东西时热油烫到皮肤，如果不是很严重，抹些牙膏止痛即可。如果很严重，皮肤会烂掉，这时应先用洁净纱布盖住，立刻送医院。身体一部分烫伤，并不会危及生命，但如果超过20%的身体面积，就有生命危险了。当因烫伤起水泡时，注意不要使水泡破裂，用纱布轻盖，再用冷水冷却；烫伤与衣服相连时，不要脱下衣服，连衣服一起用水冷却；烫伤越严重越会口渴，要补充水分，注意休息并及时送往医院治疗。

烫伤的护理

15 自来水是从哪里来的

智慧问答

河水

自来水来源于河水、湖水或地下水等。自来水厂的工人们先把河水或湖水抽出来经过沉淀、过滤等程序,除去水中的杂质和悬浮物,再对水进行消毒、灭菌,之后把经过处理的水输入水塔或蓄水池,再经过管道把水送到千家万户。

淡水湖

知识快车

自来水能不能直接浇花、养鱼？

自来水厂为了对水进行消毒，常在水中加入氯气。浇花、养鱼用水时，应把水先放一放，让水里的氯气跑掉，然后再用，不然氯气会对花、鱼的生长产生不利影响。

生命之源

海水淡化

超级链接

随着人们生活、生产的各方面需要，淡水资源越来越紧张，而海水淡化愈来愈受到人们的重视，因为它是解决水资源短缺的重要途径，在此前提下，海水淡化技术得到了快速发展。尤其在中东和一些岛屿地区，海水淡化工程在当地经济发展中发挥着重要的作用。以色列70%的饮用水源来自于海水淡化水，2005年日产海水淡化水量达73.8万立方米；阿联酋2003年日产海水淡化水量达546.6万立方米；意大利西西里岛2005年日产海水淡化水量为13.5万立方米，约占其全部可饮用水源的15%~20%。

海水淡化装置

16 为什么人不能吃得太咸

智慧问答

食用盐

人如果食盐摄入过多，即吃得太咸，极容易引发高血压。例如，爱斯基摩人每天吃盐 4 克，高血压发病率为 0；日本东北部地区居民每天吃盐 26 克，高血压发病率达 40%。盐为何能使血压升高呢？

原来，有些人对钠盐比较敏感，摄入过多后钠容易在体内潴留。钠有带水的特性，钠多了，水分也多，大量的钠和水进入血液后，血容量就会增高，血管壁水肿，从而引起高血压。虽然并不是所有的人都对盐过敏，但是为了健康，人们应适当地控制食盐的摄入量，一般正常人每天吃盐应低于 10 克，高血压病患者以 5~8 克为宜。

爱斯基摩人的家园

知识快车

人不吃盐可以吗？

虽说盐吃多了不好，但盐对人来说又是必不可少的物质。它对维持体内正常渗透压和酸碱平衡起主要作用。人体内如果没有足够的钠，就会发生脱水、虚弱、肌肉痉挛等症状。所以盐不可多吃，但也不可不吃。

各色蔬菜

超级链接

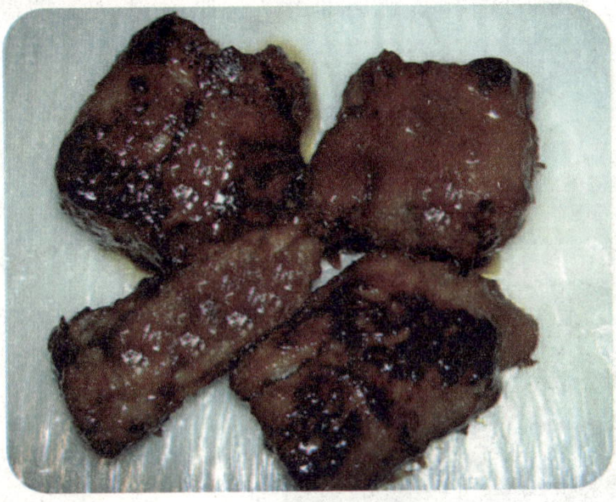

腌肉

少食腌制食品

一些资料表明，用盐腌过的食物，如咸鱼、咸肉、咸菜等，可生成强致癌物亚硝胺，因而吃多了容易患食管癌、胃癌、膀胱癌等病。因此，小朋友应从小就注意少吃腌制食品，多吃新鲜蔬菜、水果，身体才会更健康、更强壮。

17 喝酒有益于健康吗

智慧问答

窖藏白酒

洋酒

酒中含有大量乙醇（酒精），乙醇进入人体后，要经过肝脏分解，再由肾脏排出体外。如果人体乙醇的排泄速度低于摄入速度，就会导致酒精中毒，并严重损伤肝、肾的正常功能。但是如果在喝酒时多吃些蔬菜，情况就会好多了，蔬菜尤其是维生素 B_6 含量高的绿叶蔬菜，不但能促进酒精的分解和排泄，还能起到防止酒精侵袭骨髓破坏人体造血机能的功效。所以，喝酒时多吃些蔬菜，会有益于身体健康。

知识快车

你知道啤酒有哪些种类吗?

啤酒是以大麦、小麦及蛇麻草为主要原料,加上酵母发酵酿制而成。啤酒中含有二氧化碳、气泡以及低度的酒精。啤酒可以分成三大类:淡色啤酒、浓色啤酒以及黑啤酒。淡色啤酒是低酿酒,颜色清黄,是所有啤酒中酒精度最低的;浓色啤酒的发酵度较高,颜色微暗,酒精度比淡色啤酒要高;黑啤酒发酵度最高,颜色深黑,酒精度最高。

冰爽啤酒

超级链接

女儿红

酒文化之黄酒

酒类家族中有一种酒叫黄酒,又叫绍兴酒。黄酒是中华民族的瑰宝,历史上黄酒名品数不胜数。现在黄酒产地主要在浙江一带,产量虽不如白酒,但酿酒技术却日益精湛。如今,黄酒魅力依旧,其中的名品家喻户晓,如女儿红、绍兴加饭酒、福建龙岩沉缸酒等,都深受人们喜爱。

18 儿童宜多吃松花蛋吗

智慧问答

晶莹剔透

松花蛋色香味美，老少皆宜。但若过量食用松花蛋，则有害无益。

因为腌制松花蛋的原料中含有氧化铅和氯化铅，而铅是有毒金属，摄入过量会严重损害人体的神经、造血、消化等系统。据对松花蛋进行的抽样化验表明，平均每只蛋的含铅量高达约 0.8 毫克，比腌制的咸鸭蛋高出一倍以上。成年人对铅的吸收率约为 7%，而儿童对铅的吸收率却高达 50%。长期食用松花蛋会导致铅中毒，使儿童智力呆滞，生长发育迟缓。因此，儿童不宜多吃松花蛋。

皮蛋美食

知识快车

你了解松花蛋的营养价值吗？

松花蛋的营养成分与一般的蛋相近，在腌制的过程中由于强碱的作用，使蛋白质及脂质分解，变得较容易被消化和吸收，胆固醇的含量也降低了。而且在松花蛋的腌制过程中加入了含铁的物质，所以铁质的含量也较高。但正如上文所述，松花蛋含铅过高，可不宜多吃哟！

色香味美

超级链接

如何购买松花蛋

购买松花蛋时，要注意看它是否有质量认证标志。因为铅、铜含量高的松花蛋，蛋壳表面的斑点会比较多，剥壳后也会看到蛋白部分颜色较黑绿或偶有黑点。传统方法腌制的松花蛋，有些会在蛋壳表面包裹着红土及稻草等，其实这样很不卫生，也不便于由外观判断其含铅量，因此并不是购买的首选。购买时还要注意生产日期，若回家保存也要注意保存的方法及时间的长短。

优质松花蛋

19 煮牛奶表面为什么会结皮

智慧问答

牛奶

煮好的牛奶表面结成的奶皮的主要成分是蛋白质，而蛋白质是人体生长发育所必需的重要物质。牛奶煮开以后，牛奶中的蛋白质就会跑出来，集中凝固在与空气接触的表面，形成一层薄薄的皮层。奶皮含有丰富的营养，可不要把它扔掉哟！

奶牛

知识快车

喝牛奶对儿童有什么好处?

喝牛奶可以使儿童长得既健康又强壮。牛奶中含有大量动物蛋白、维生素和钙质,而钙质是牙齿和骨骼生长不可缺少的重要物质。而且,牛奶营养丰富,对某些疾病还有辅助治疗和预防的作用呢!

喝牛奶

超级链接

牛奶与美容

牛奶对皮肤的美容功效是化妆品所无法比拟的。牛奶中所含的酵素可以分解表皮老化的角质细胞,抑制和消除皮肤的斑点。因此,纯牛奶也是一种良好的天然美容佳品。

调制牛奶面膜

20 为什么夏季的食物易腐烂

智慧问答

巴斯德

炎热的夏季，是细菌极度活跃的季节。空气中到处充满了细菌，它们落到食物上便会大量而快速地繁殖，破坏食物的营养物质结构，使食物变质发霉。

我们应注意食物的保鲜，用冷藏的方法保存食物可以减少对食物防腐剂的需要，从而降低患胃癌的危险性。冷藏的方法还可使我们一年四季都能吃到新鲜蔬菜、水果和其他食品，间接地降低了患各种癌症的危险性，所以应整年用冰箱冷藏食物。不同的食物有不同的保质期，确认食品包装上的保存说明，并遵照执行是很重要的。妥善保存食品，不仅可保存其营养成分，而且也可防止各种病菌的污染，并避免食品变质而造成浪费。

新鲜葡萄

知识快车

细菌纯培养的群体生长规律是怎样的？

大多数细菌的繁殖速度都很快，但其生长繁殖的速度不是一成不变的。

将少量单细胞纯培养接种到一恒定容积的新鲜液体培养基中，在适宜的条件下培养，定时取样测定其细菌含量。如果以培养时间为横坐标，以细菌数目的对数或生长速度为纵坐标作图，可以得到一条曲线，即繁殖曲线，又称为生长曲线。这条曲线代表了细菌在适宜的环境中生长繁殖直至衰老死亡全过程的动态变化。由此可得出细菌群体的生长可大致分为延迟期、对数期、稳定期和衰亡期四个阶段。

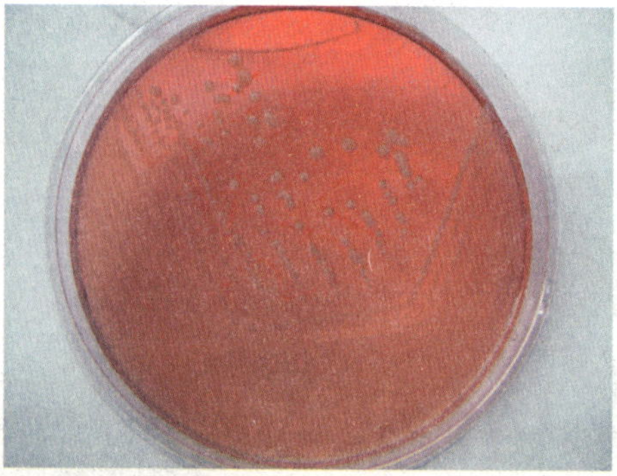

细菌培养

超级链接

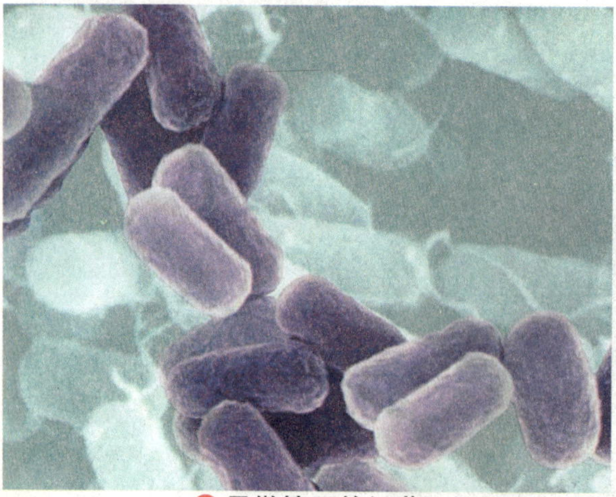

显微镜下的细菌

细菌的变化

1857年，在法国里尔研究所研究酿酒的科学家路易·巴斯德宣布发酵是酵母中的细菌造成的，同时他还敏锐地意识到人类的许多疾病也是由细菌引起的。24年后他研究出了炭疽疫苗，注射后可以预防死亡率很高的炭疽菌病。后来，他又研制了可用于人类的狂犬病疫苗，从而声名大震。

21 剥切洋葱时为何会流泪

智慧问答

洋葱

洋葱独特的气味源自一种挥发油,这种油里含有大量的氨基酸亚砜有机分子。剥切洋葱时便会破坏它或者碾碎洋葱的组织,并释放出蒜苷酶,而蒜苷酶可以将氨基酸亚砜转化成次磺酸。次磺酸随即又可自然地重新组合形成可以引起流泪的化学物质合丙烷硫醛和硫氧化物。洋葱的组织被破坏 30 秒以后,合丙烷硫醛和硫氧化物的形成达到高峰,并在大约 5 分钟后完成其化学变化。

洋葱大丰收

合丙烷硫醛和硫氧化物浓度越高,对眼睛的刺激就越厉害,这时眼睛就会分泌泪水将刺激物质冲走,以免眼睛受到伤害。这就是洋葱使人“流泪”的原因。

知识快车

洋葱的营养价值有哪些？

美味难挡

洋葱属碱性食物，并含有糖、无机盐、锌、硒（抗癌物质）、磷、硫等。常食能使脸色红润，增强膀胱功能，还具有止咳、祛痰、利尿等作用。同时，它含有多种维生素，对维生素缺乏症也有很好的治疗功效。

洋葱含有二烯丙基二硫化物、二丙基二硫化物等，具有杀灭多种病菌及抗血管硬化和降低血脂、预防血栓形成等功能。因此，中老年人常吃更有好处。

超级链接

巧剥洋葱

日常生活中，为了避免剥切洋葱时难受，在剥洋葱时可把洋葱放在水里，切时在案边放上一些食醋，眼睛就不会那么难受了。

洋葱片

22 鱼肉为何比畜肉易腐坏

智慧问答

红烧鱼

鱼肉和畜肉在同一环境中放置，鱼肉比畜肉更易腐坏的原因如下。

其一，鱼的鳃和内脏藏有很多细菌。鱼一旦死亡，这些部位的细菌就会迅速繁殖，并穿透鳃和大血管，向肌肉组织蔓延。而畜肉(猪、牛、羊)一般都是宰杀放血，并立即开膛去脏，大大降低了细菌污染的几率。所以，健康的畜肉是基本无菌的。

其二，畜肉中含糖高，糖分又转化为乳酸，使肉的酸度增高并僵直变硬，起到了抑制细菌繁殖的作用。鱼肉含糖少，所以产生乳酸也少，鱼肉会很快从僵直时期进入自溶阶段(蛋白质分解阶段)，为细菌的滋长创造了条件。

清炖鱼

其三，水(尤其是海水)中的微生物绝大多数属于冷微生物。这些微生物即使在低温下也不会死亡，只是繁殖较慢。

知识快车

新鲜的鱼肉里面有细菌吗?

有人检查了刚杀死的和自然死亡的鱼,发现新鲜的鱼肉也不是无菌的。50克鱼肉里有5 000~16 000个细菌,由此可见细菌在鱼肉中繁殖之快。

新鲜鲤鱼

超级链接

鲜鱼肉

鲜鱼的处理

由于鱼肉比畜肉容易腐坏,为了防止鱼肉腐烂,买到鱼后应尽快去鳞、鳃、内脏,用清水洗净血液和黏液,挂在阴凉通风处或冰箱里,并及时烹调或腌制。

23 水果为什么能解酒

智慧问答

水果能解酒是因为水果里含有一种特殊的成分——有机酸，例如柑橘里含有柠檬酸，苹果里含有苹果酸，葡萄里含有酒石酸等。而酒的主要成分是乙醇，有机酸能与乙醇相互作用而形成酯类物质，从而达到解酒的目的。

水果沙拉

酒席

知识快车

你知道还有什么可以解酒吗？

食醋能解酒，主要是由于酒中的乙醇与食醋中的有机酸，在人体内能发生醋化反应，降低乙醇浓度，从而减轻酒精的毒性。食醋解酒方法有以下几种：用食醋烧一碗酸汤，服下；食醋一小杯(20~25 毫升)，徐徐服下；食醋与白糖浸蘸过的萝卜丝或大白菜心(一大碗)，服食；食醋 50 克，红糖 25 克，生姜 3 片，煎水服。尽管水果和食醋都能使乙醇的麻醉作用得以缓解，但是防醉酒的最佳方法还是不要贪杯。

糖醋萝卜丝

超级链接

惨痛代价

酗酒危害多

近年来我国的饮酒人数一直呈上升趋势。据一项研究资料表明，我国男女饮酒率分别为 84.1%和 29.3%，其中有 16.1%的男性和 2.5%的女性为每日饮酒。1982 年我国酒精依赖的发病率仅为 0.16‰，而 1990 年已发展为 0.5‰了，且酗酒者出现低龄化现象，女性的比例不断增加。

世界卫生组织一组数据显示：在中国，每年有 114 100 人死于酒精中毒，占每年总死亡人数的 1.3%；致残 2 737 000 人，占每年总致残人数的 3%。

24 苹果有多少种类

智慧问答

葡萄满枝头

苹果、葡萄、柑橘和香蕉并称世界四大水果。中国种植苹果的面积居世界之首。

苹果家族种类繁多，大约有 100 多个品种呢！有红将军、富士、红星、金帅、小国光……其中，富士、红星、金帅和小国光是令苹果家族引以为荣的四大天王。富士苹果，大果型，较圆，皮有光泽，向阳部分呈红色，其余部分呈淡黄色，果蒂较粗短；它水分多，味甜，清脆可口，属晚熟品种。红星苹果也是大果型，萼洼比较尖，上有五个楞，像颗五角星；它色红，气味芳香，果肉甜，属中熟品种……怎么样，苹果家族很大吧！我想，小朋友们再看到苹果时，一定会垂涎欲滴的。

红富士苹果

知识快车

你了解苹果的营养价值吗？

苹果不仅果肉鲜甜可口，还有极其丰富的营养价值呢！

(1)瘦身排毒。苹果中含有比一般水果更高的“果胶”，能够抑制肠道内的有害细菌，调整肠道内的细菌菌丛状况。

天然美味

(2)减压补氧。苹果中的多糖、钾离子、果胶、酒石酸、枸橼酸等，可以中和酸性体液中的酸根，降低体液中的酸性，从而缓解人体疲劳。

(3)健体防癌。苹果中所含的黄酮类化合物是降低癌症发病率的有效物质。

超级链接

苹果的渊源

《旧约全书》中已有对苹果的记载：“所罗门之歌”曰“如同苹果树在树林中，我甜蜜的心在儿女中”、“酒壶使我逗留，苹果给我安慰”；《古兰经》里也曾说苹果是真主的神圣礼物。苹果最早在高加索地区种植，那是欧亚大陆东西文明交界的所在。在许多语言中苹果是水果的通称，例如在希腊语里，苹果不仅代表水果，还能指代财产。由此可见苹果在人类发展史上的重要性。

《古兰经》译著

25 什么是茶道

智慧问答

茶叶

通俗地讲，茶道就是由主人准备茶与点心招待客人，而且主人与客人要按照固定的规矩与步骤“品茶”。不仅如此，茶道还延伸到茶室内外的布置：茶室的书画布置、花园的园艺及饮茶的器皿都是茶道的重点。可以这样说，“茶道”是一种以茶为媒的生活礼仪，是一种修身养性的方式，它通过沏茶、赏茶、品茶，以达到增进彼此之间的友谊、美心修德的目的。

中国茶道

茶道最早起源于中国。唐朝以前，中国人就在世界上首先将饮茶作为一种修身养性之道，据唐朝《封氏闻见记》中记载：“茶道大行，王公朝士无不饮者。”这是现存文献中对茶道的最早记载。当时茶宴已很流行，宾主在以茶代酒、文明高雅的社交活动中，赏景品茗，怡然自得。

知识快车

哪些人不适合饮茶?

贫血患者,特别是缺铁性贫血患者:茶中的鞣酸会使食物中的铁形成不易被人体吸收的沉淀物,加重病情;神经衰弱、甲状腺功能亢进、结核病患者:因为茶中的咖啡因能引起基础代谢增高,加剧病情;胃及十二指肠溃疡患者:茶中咖啡因能刺激胃液分泌和溃疡面扩散,使溃疡加重;肝、肾病患者:茶中的咖啡因要经过肝脏、肾脏新陈代谢,不利于肝、肾脏功能的恢复;习惯性便秘患者:茶中的鞣酸具有收敛作用,会使便秘加重;高血压及心脏病患者:茶中的咖啡因对人体血液、血压有激发作用,过量饮茶会使患者血压升高,甚至有可能出现心律不齐。

喝茶

所以这些人群切要注意,不要饮茶。

超级链接

茶道在日本

茶道也是日本人接待宾客的一种礼仪。日本人饮茶的风俗最早是由中国传入的,后来广泛流行于民间。如今日本的茶道人口约达 1 000 万,约占全国总人口的 1/10。

日本茶道

26 饺子是怎样得名的

智慧问答

炸酱面

春节是中国传统节日中最隆重的节日，以前大年三十儿晚上人们都有守夜辞岁的风俗。守夜辞岁的内容在各个地区有所不同，但最普遍的一种叫“包辞岁吃”。它是指在大年三十儿夜里把备好的肉、菜剁成馅，其中的肉和菜合起来谐音为“有财”，因此人们在剁馅时往往要弄出大的声响，让左邻右舍都听见。馅调好后用面皮将它包成月牙形的食品，午夜 12 点时下锅煮熟全家共食，这就叫“包辞岁吃”。

饺子

按旧时天干地支计时法，午夜 12 点为子时，又称“子夜”，子时钟声一响人们便由旧的一年迈进了新的一年，人们称其为“更岁交子”。因此人们又把这种带馅食品称为“交子”。因为“交子”是一种食品，人们便在“交”前边加上“饣”字旁，于是就成为了“饺子”。

知识快车

吃饺子有哪些好处？

饺子营养丰富，最符合营养学家们提出的“膳食平衡”要求。饺子皮是用面粉做的，属于主食，它含有糖类、维生素等，是人体热量的主要来源。而饺子馅主要是蔬菜和肉类，肉类富含优质蛋白质，蔬菜则富含维生素、纤维素、微量元素等。有研究表明，肉在胃肠内消化需4~5小时，而如果只吃肉不吃菜，其营养吸收率为70%；加蔬菜后不仅味道更好，营养吸收率也可提高到80%左右。所以这种搭配既合理又科学，常吃饺子更有益于健康。

虾仁水饺

超级链接

古人吃饺子

吃饺子的习俗

据民俗专家考察，除夕吃饺子的习俗在明代就已广为流行，在《明宫史》、《宛署杂记》等书籍中已有春节吃饺子的记载。到了清代，除夕吃饺子已成为特定的一种习俗。

27 壶里的水垢是哪里来的

智慧问答

暖壶

在日常生活中，大家一定遇到过这样的情况：家里的暖壶或水壶没用多久，里面就会“长”出一层白色的东西，沉积在壶壁上，很难清除，这就是水垢。那么水垢是从哪里来的呢？

水壶

我们在日常生活中看到的水，是清澈透明的，但实际上水并不是纯净的，它里面含有多种矿物质，如钙、镁等。水烧开后，水中的矿物质如碳酸钙、碳酸镁等就会从水中沉淀出来。时间长了，它们就附着在水壶壁上，形成一层发白而坚硬的东西，就是我们所看到的水垢。

知识快车

水垢有危害吗？

玻璃水具

水壶里如果“长”了厚厚的水垢，烧水时就需要更多的燃料。有时候水垢还会脱落下来，开水里就会有许多碎屑，如果我们常喝这样的水，就会影响身体健康。

超级链接

精美茶具

茶　垢

小朋友，你们是否注意到，家里的茶杯、茶壶等茶具用久了就会形成一种褐色的东西附着在杯壁上，这就是茶垢。

我们知道，茶叶里面除了含有维生素、矿物质等物质外，还含有鞣酸，而我们泡茶时用的是开水，水中含有的少量的铁遇到茶叶中的鞣酸，就会发生反应，产生一种不易被水溶解的黑色沉淀物——鞣酸二铁，黏附在茶杯的内壁上。水中铁的含量很少，如果仅仅泡一两次，茶杯上不容易有茶垢，但时间久了就会越积越多，茶杯的内壁就会变黑，结成难看的茶垢。

28 吃完面食为什么要喝汤

智慧问答

在东汉、魏晋、南北朝、唐朝时期面食分别被称为什么？

面食在这四个时代分别被称为：煮饼、汤饼、水引和冷陶。

意大利面

在民间，早就有“原汤化原食”这一说法，这是很有科学道理的。吃完面食要喝汤，是因为在这些煮面食的汤里，有易溶于水的营养成分。面食里含有丰富的维生素B族元素，它们非常有利于消化，也易溶于水，因此，在煮面食的过程中，维生素B族元素就会有一部分溶解到汤里去了。

如我们常见的荞麦面，它不仅富含碳水化合物、蛋白质、维生素、铁等营养物质，而且还含有一种特有的维生素，叫芦丁，该物质易溶于水，并有软化血管的作用，还可预防高血压、动脉硬化等症。若不想让汤里的营养成分白白丧失掉，那就在吃面食的同时别忘了多喝些汤。

晒制挂面

知识快车

你了解各种汤的营养价值吗?

蔬菜汤

不同的汤,所含营养也是不同的。新鲜的蔬菜里面含有许多易溶于水的维生素,做出来的汤不但味道鲜美,而且可以补充我们每日所需的维生素;姜汤可以驱寒,防治感冒;骨头汤里面含有大量的骨胶和钙质,不但可以补钙,还可以美容呢!

超级链接

开胃汤

科学喝汤

人们在吃饭的时候,总是喜欢喝些汤。营养学家告诉我们,一般来说,汤最好在饭前喝,而且不要太多;如果在饭后喝汤,则会冲淡胃液,引起消化不良。科学的喝汤方法是:在吃饭之前喝一小碗就好,这样不但可以起到开胃、润胃的作用,还很有利于健康。这是因为,饭前喝进的一小碗汤在胃里占了一定的空间,就可以少吃些主食,不会吃得太多太饱,也不容易发胖。

29 什么是绿色食品

智慧问答

绿色食品专柜

如今，绿色食品越来越深受人们的喜爱，许多超市里也都设立了绿色食品专柜，出售绿色蔬菜、绿色水果、绿色肉类等，那么，你知道什么是绿色食品吗？

绿色食品

真正意义上的绿色食品，是指那些出自纯净、天然的生态环境，无污染、安全、优质、营养高的食品。包括：在生产中不使用农药、化肥的农产品及在制作加工过程中不用食品添加剂的食品等。开发绿色食品有一套比较完整的质量标准，包括产地环境质量标准、产品质量和卫生标准等，它们共同构成了绿色食品的质量控制标准体系。

知识快车

你知道绿色食品的标志及其含意吗？

绿色食品由统一的标志来标识。绿色食品标志图形为圆形，由三部分构成：上方的太阳、下方的叶片和蓓蕾，描绘出明媚阳光照耀下的和谐生机。整体意为保护、安全，提醒人们要保护环境和防止污染，通过改善人与环境的关系，创造自然、和谐的世界。

绿色食品 GreenFood

绿色食品标志

超级链接

绿色电冰箱

所谓绿色电冰箱，就是不用氟利昂作制冷剂的电冰箱。这样，就避免了氟利昂对地球大气臭氧层的破坏。为此，在绿色电冰箱中，要选用不会破坏臭氧层的化学气体来代替氟利昂。最好的办法是另辟蹊径，干脆制冷剂和压缩机、冷凝器、蒸发器等统统不要，应用半导体制冷器来制造电冰箱。

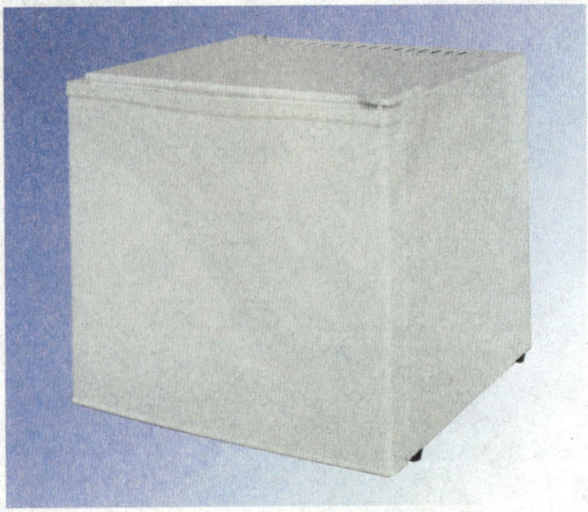

绿色电冰箱

应用半导体制冷器的绿色电冰箱，不但彻底根除了氟利昂破坏臭氧层的源头，而且它还具有制冷快、体积小、没有机械和管道、无噪声、可靠性高等优点，能方便地实现制冷，有着十分广阔的发展前景。

30 吃冰激凌能解渴吗

智慧问答

脆皮冰激凌

冰激凌清凉可口，小朋友们都很喜欢。在炎热的夏天，冰激凌更是受到人们的喜爱，大家觉得它可以消暑降温。但是，当我们吃过冰激凌后，不但不解渴，反而觉得更口渴了。这是为什么呢？

美味冰激凌

因为冰激凌是一种高热量食物，它是用鸡蛋、牛奶、糖等原料做成的，其主要成分是蛋白质。消化蛋白质需要大量的水分，蛋白质经过消化后就会变成尿素，排出体外。而人体排除尿素需要的水量是5g/100ml。所以，吃了冰激凌不但不解渴，反而会觉得越吃越口渴。因此，在炎热的夏天需水量很大的情况下，最好少吃冰激凌。夏天解渴的最好办法是饮用凉开水、淡茶水、矿泉水、纯净水或运动型饮料。

知识快车

夏季应该如何注意饮食?

夏季天气炎热,气温偏高,最好少吃高脂肪的食物,应多吃些清淡少油、易于消化的食品。夏季是瓜果蔬菜上市的旺季,它们都含有丰富的营养,并有益于健康。另外,在调味时适当加点蒜泥和醋,不但能增加食欲,还可以防止一些病菌的侵入。

新鲜蔬菜

超级链接

冰激凌机

冰激凌的演变史

最早制造出冰激凌产品的是法国国王路易十六(1715~1774)的御用厨师。当时冰激凌的主要原料是奶油和冰块,所以被称为“奶油冰”。后来随着大量使用浓缩乳、炼乳、奶粉等其他原料,冰激凌才开始接近现代的冰激凌。在1851年,美国马里兰州巴尔的摩的牛奶商人实现了冰激凌生产的工业化。而蛋卷冰激凌则在1904年美国圣路易斯万物博览会上首次亮相。

31 鸡蛋能生吃吗

智慧问答

打鸡蛋

鸡蛋是不能生吃的，这是因为生鸡蛋的蛋白质结构紧密，含有抗酶蛋白和抗生物蛋白，我们吃到胃里以后，不容易与胃肠里的消化酶接触，因此很难被消化和吸收。另外，一些鸡蛋本身带有致病的细菌或寄生虫，它们必须在高温下才能完全被杀死。如果不煮熟，食用后便容易引起食物中毒，产生腹泻和感染寄生虫。用开水冲鸡蛋，同样不能杀死全部细菌。总之，生吃鸡蛋坏处很多，很不利于我们的身体健康。因此，鸡蛋一定要熟透了再吃，最好吃蒸蛋和煮蛋。

鸡宝宝

知识快车

鸡蛋吃得越多越好，对吗？

当然不是，吃鸡蛋一天最多不能超过两个。这是因为鸡蛋中含有大量的蛋白质和胆固醇，吃多了不能被人体充分吸收和利用。另外，鸡蛋的吃法多种多样，就营养的吸收和消化率来讲，煮蛋为100%，炒蛋为97%，嫩炸为98%，老炸为81.1%，开水或热牛奶冲蛋为92.5%，生吃为30%~50%。由此可见，煮鸡蛋是最佳的吃法，但要注意细嚼慢咽，否则会影响消化和吸收。不过，对儿童来说，还是蒸蛋羹、蛋花汤最适合，因为这两种做法能使蛋白质松解，容易被儿童消化吸收。

蒸蛋羹

超级链接

熟鸡蛋

巧剥熟鸡蛋

煮鸡蛋很有营养，但是刚煮熟的鸡蛋又烫又难剥，怎么办呢？方法很简单，你只要把它放在冷水中泡一会儿，就很容易把皮剥下来了。这是因为热鸡蛋放进冷水里会马上冷缩，但蛋壳与蛋白的冷缩程度和先后是不同的，从而在两者之间形成了间隙，于是就容易剥壳了。

32 塑料袋都能装食品吗

智慧问答

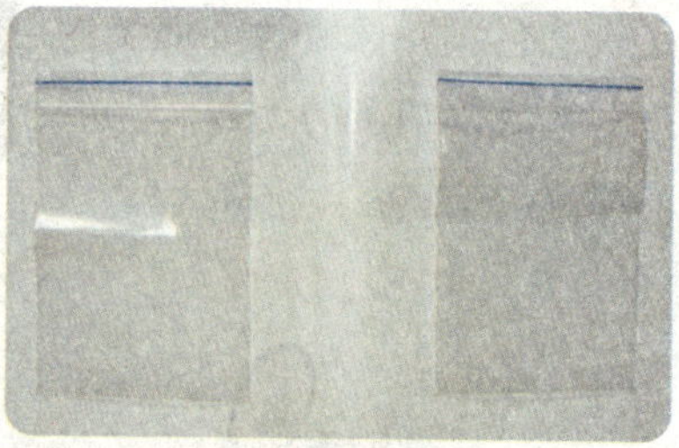
塑料袋

每天早上，总有许多匆匆忙忙上班、上学的人，他们为了赶时间，就买好热腾腾的早餐装在塑料袋里拿着赶路，觉得这样很方便很卫生。但并不是所有的塑料袋都可以装食品的。

用塑料袋长时间装着高温食品，其实并不安全，也不卫生。目前市场上塑料袋的品种很多，主要有无毒和有毒两种，一般的食品专用塑料袋是无毒的，可以用来包装食品。可是，还有一些用聚氯乙烯制成的塑料袋是有毒的，绝对不能用来包装食品。另外，还有一些塑料袋含有铅盐，它能渗到食品中，人吃了会造成铅中毒。即使是专门用于包装食品的塑料袋，也不是百分百的安全，特别是把食品长期存放在塑料袋里面或者用其装高温食品，塑料袋也会释放出一些有毒的物质污染食品。

塑料袋仓库

知识快车

怎样鉴别塑料袋是否有毒？

鉴别塑料袋是否有毒有以下方法：一是用手摸，如果感觉发黏且拉手的通常有毒；润滑如蜡的则无毒。二是剪一条边用火烧，不容易点燃和离火就熄灭的有毒；容易点燃和离火后继续燃烧，且火焰呈黄色，并像蜡烛一样接连滴落油滴的无毒。

白色垃圾

超级链接

空饮料瓶

饮料瓶不宜装油

用塑料袋装食物很不科学，同样，人们用可乐瓶等大塑料瓶装食用油、酱油或醋也是不科学的。因为这种塑料瓶是用高纯度的聚乙烯塑料制成的，为了使乙烯聚合，在制造过程中添加了引发剂和辅助剂。这些物质不溶于水，装可乐当然没问题，但是用来装油的话，这些化学物质就会慢慢溶解到油中，从而对人体产生不利的影响。

33 为什么说吸烟有害健康

智慧问答

烟草

吸烟主要是吸入烟草不完全燃烧所产生的烟雾，通过检测发现这种烟雾中含 2 000 多种化学成分，其中包括尼古丁、多环芳香烃、酚、β苯胺、苯并芘、吲哚、一氧化碳、氢氰酸、乙醛、丙烯醛等多种有害物质。吸烟者长期吸入这些有害物质无异于慢性中毒，吸烟者的健康会受到严重的损害。

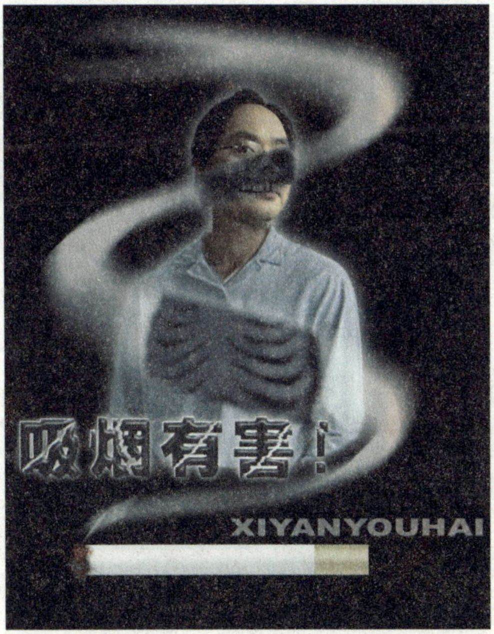

戒烟宣传画

烟雾中的多环芳香烃、苯并芘、亚硝胺将导致人体细胞内 DNA 发生突变，使细胞分裂和分化失调，把正常细胞变成癌细胞。有人曾做过这样的试验，在小鼠皮肤上每天涂抹小剂量苯并芘，经过数月后，就有小鼠患了皮肤癌。可见吸烟对于健康的危害是多么巨大。

知识快车

世界无烟日是哪一天？

1987 年 11 月，在日本东京举行的第六届吸烟与健康国际会议上，世界卫生组织（World Health Organization，即 WHO）建议把 1988 年 4 月 7 日，作为第一个世界无烟日（从 1989 年起改为 5 月 31 日），告诫人们吸烟有害健康；呼吁全世界所有吸烟者在这一天主动停止或放弃吸烟；呼吁烟草销售单位和个人，在这一天自愿停止公开销售活动和各种烟草广告宣传。

世界无烟日

超级链接

吸烟有害健康

戒烟益处多

戒烟好处多多：(1) 戒烟 8 小时后体内尼古丁含量快速下降；(2) 戒烟 2 天后味觉和嗅觉会有明显改善；(3) 戒烟 4 天后呼吸舒畅，肺功能极大提高；(4) 戒烟一年内，患中风的几率将下降到普通吸烟者的一半；(5) 戒烟 3 年内，心脏病发作几率跟从不吸烟者一样，患支气管炎等呼吸疾病的几率大大下降；(6) 戒烟 5 年内，患肺癌、食道癌、口腔癌或其他由烟草引起的癌症的几率明显下降。

除此之外，与你一起生活的人的身体健康状况也会在不知不觉中得到改善。

34 洗衣机是怎样洗衣服的

智慧问答

洗衣机中的波轮

现在，洗衣机是人们洗衣服的得力帮手，因为用洗衣机洗衣服省时省力。那么洗衣机是怎样洗衣服的呢？原来在洗衣机桶底部有一个波轮，波轮表面有几条向上凸起的棱。洗衣机工作时，电动机快速转动，从而带动波轮顺时针或逆时针旋转，波轮在转动时，它表面上的凸棱使洗衣机桶里的水形成连续旋转的涡流，涡流旋转产生很大的力量，带动衣服上下翻滚。这样，衣服与洗衣桶壁，与其他衣服，与水流之间不停地冲击、搓揉、振动，再加上洗衣粉的去污作用，衣服上的污渍就会与衣服分离，被卷入水中，衣服也就被洗干净了。

全自动洗衣机

知识快车

你知道植物也能洗衣服吗？

皂荚树

谁都知道，洗衣服要用洗衣粉、肥皂或者其他洗涤剂等合成物质，可是你知道吗？有一种天然植物也可以用来洗衣服，那就是皂荚。皂荚是皂荚树的果实，只要把成熟的皂荚采摘下来，捣碎，就可以用来洗衣服了。用它洗的衣服非常干净，尤其是洗一些丝绸类的衣服效果更好。

现在，人们为了保护环境，发明了不用洗衣粉的洗衣机。这种洗衣机利用相当于次声波振荡的电流，使水分子快速振动，同样可以把衣服洗得干干净净。

超级链接

古人洗衣用的棒槌

古代人洗衣服

在我国古代，人们主要用棒槌捶打的方法来洗衣，所以就留下了“关城树色催寒近，御苑砧声向晚多”、“长安一片月，万户捣衣声”这样的千古名句。但是对于现在的人们来说，捣衣声已很少能听见了，只有在一些偏远的农村和山区偶尔还可以见到人们用棒槌洗衣服，他们仍沿用着这种古老而传统的洗衣方式。

35 怎样科学使用洗涤剂

智慧问答

无磷洗衣粉

洗衣粉是我们最常用的一种洗涤剂，它的主要成分是阴离子表面活性剂、阳离子表面活性剂和防垢剂、水软化剂等。目前我国日用的洗涤剂中大多含有磷、铝、碱等有害成分，其中所含的表面活性剂，表现出会使手变粗糙等副作用，现在已成为污染环境的一大公害。所以我们在日常生活中，一定要科学地使用洗涤剂：首先，尽量选购对水质污染小的无磷洗衣粉；其次，洗衣服时，不要放太多洗衣粉，要视衣物多少加适量洗衣粉，并把衣物浸泡一会儿；再次，用手洗衣物或洗一些小衣服时，最好用肥皂代替洗衣粉。

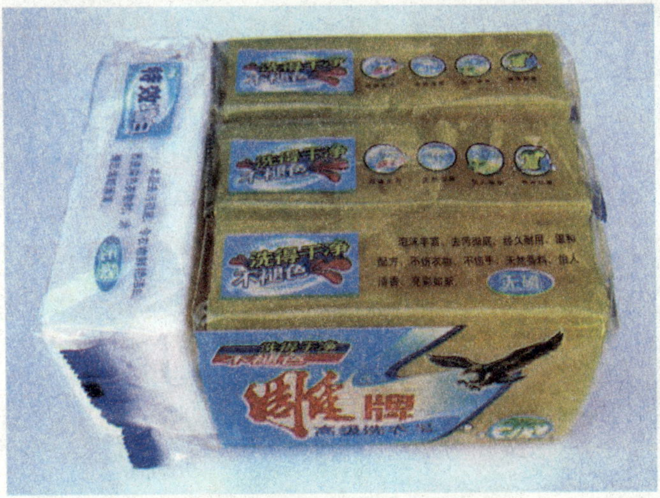
洗衣皂

知识快车

用肥皂洗衣服，衣服会发黄吗？

有些人不喜欢用肥皂，认为这样洗出来的衣服会发黄，其实这可不仅仅是肥皂造成的，还与水有密切的关系。如果我们用来洗衣服的水中含有大量的钙、镁等盐类，就会和肥皂产生不溶于水的钙皂、镁皂。这种东西沉积到衣物的纤维中，衣服上就会留下黄色的痕迹。

衣 服

超级链接

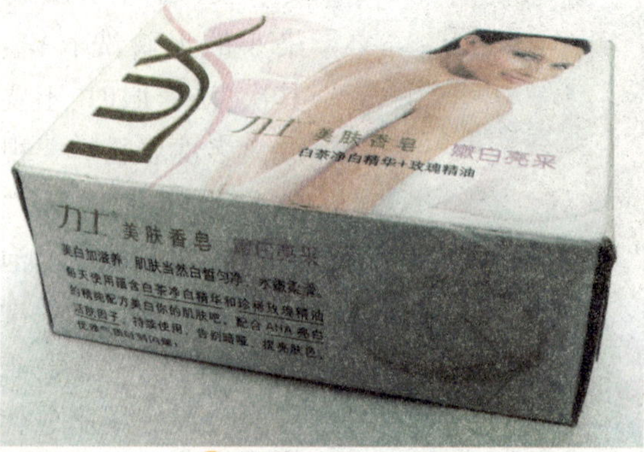

香 皂

不宜多用肥皂洗手

如果过多使用香皂、肥皂洗手，会把皮肤表面起保护作用的皮脂洗掉，这样皮肤就会变得很干燥。而且，有些具有杀菌作用的香皂和肥皂都呈碱性，用它们洗手，不但把手上有害的细菌杀死了，同时也会把有益的细菌杀死，其中的化学成分还会刺激手部皮肤，造成手部感染。因此，不要过多用香皂或肥皂洗手。

36 旅游鞋尖与跟为何上翘

智慧问答

旅游鞋

透气运动鞋

通常鞋前尖和鞋后跟与地面的磨擦最多，这两个部位最容易磨损。旅游鞋的前尖和后跟做成上翘的形状，能减少鞋子与地面的摩擦，延长鞋子的穿着期，而且这种合理的角度也使得穿鞋人走起路来更舒服、更省劲、更平稳。

知识快车

如何保持白球鞋的颜色？

白色软性真皮运动鞋常穿会变黄，若想恢复本色也很容易。可用一种化学药液四氯化碳，不必稀释，直接用棉花蘸取，抹于鞋面上，可立即把灰黄尘洗除，再现白球鞋的清洁白净。但这种药液易挥发，也有微毒，不宜多接触皮肤，切勿用鼻闻。使用时要小心哟！

白球鞋

超级链接

现存最古老的鞋

现存最古老的鞋是古埃及的一双牛皮凉鞋，距今已有 5 000 多年的历史了。在古时候，决斗的胜利者通常将自己的鞋子放到失败者的身上，表明自己已经征服了对方。就像两军打仗，战胜者把红旗插在战败者的领地上一样。

古埃及雕像

37 卫生球到哪里去了

智慧问答

樟脑丸

每当换季的时候，妈妈都会把不穿的衣服收起来，为了防止衣服被虫子咬，还会在衣柜里面放上几颗卫生球。可是，过一段时间后，我们会发现卫生球慢慢变小了，最后不见了。小朋友，你们知道它们去哪里了吗？

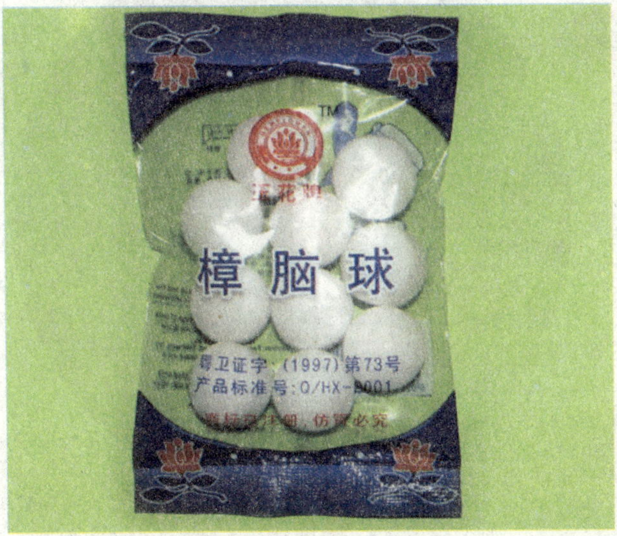

樟脑片

原来，卫生球是用樟脑做成的一种驱虫剂，它是白色的晶体，而且表面有点发黏。卫生球很容易挥发，时间长了，渐渐升华到空气中，便会越来越小，最后就完全变成樟脑蒸气了。由于樟脑蒸气是无色的，所以我们的眼睛看不到它，但它有一股独特而浓郁的香味，能够被我们闻到。

知识快车

卫生球能直接与衣物放在一起吗?

羊毛、丝绸、棉麻等衣物容易被虫蛀,因此收藏这些衣服的地方应放一些樟脑丸。但是,樟脑丸切不可直接接触到衣物,否则就会和这些衣物发生化学反应,损害衣物。最好用小布袋或纸把樟脑丸包起来,并在纸包上扎几个小眼儿,这样可以更好地发挥它的作用。而且,樟脑丸最好放在衣柜顶部,这是因为樟脑分子比较重,挥发分子时会往下落。另外,不要把樟脑丸与化纤质地的衣服放在一起,因为化纤容易与樟脑丸发生反应,从而使衣物受到损坏。

毛皮衣物

超级链接

樟脑高产地——台湾

我国的宝岛台湾有许多樟树,人们就是以它为原料生产樟脑丸。在世界上,我国樟脑丸的产量还是排在第一位的呢!

樟树

38 穿羽绒服为什么暖和

智慧问答

长款羽绒服

一到寒冷的冬天，人们都会穿上羽绒服来御寒。穿上了羽绒服，即使是冰天雪地，也不会觉得冷。因为羽绒服里面充满了细小松软的绒毛，蓬松的绒毛里藏着许多空气，羽绒服保暖的奥秘就在这里：绒毛和空气都不容易传热，当我们穿上羽绒服的时候，藏在羽绒服里面的绒毛和空气，就会在身体周围形成一道防护层，使外面的冷空气进不来，又能留住身体产生的热量，从而起到保暖的作用。所以，穿上羽绒服就感觉特别暖和啦！

冰天雪地

知识快车

你知道如何选择羽绒服吗？

怎样才能选一件好的羽绒服呢？下面教你几个小窍门。

(1)鼻子凑近羽绒服仔细闻一闻，如有明显的腥味或异味则为不合格品。

小款羽绒服

(2)用手捏一捏羽绒服，如有过大、过粗的长毛片或短小的粉碎毛，并且不柔软，说明质量较差。

(3)双手揉搓羽绒服，看是否有绒毛钻出，或者有粉尘跑出来，如果有，质量也不好。

超级链接

毛衣

衣服与静电

秋、冬两季脱毛衣时经常会起静电，这是什么原因呢？这是因为平常在毛衣里，正电荷和负电荷维持在平衡状态。秋季天气干燥，脱毛衣的时候，毛衣就会和穿在里面的衣服发生摩擦，放出能量。而毛衣里的负电荷得到了能量后就逃脱出来，正负电的平衡状态被打破，就产生了静电。在比较暗的地方脱毛衣，由于电荷的流动，有时就能看到电火花，同时还能听到噼噼啪啪的响声呢！

39 噪声的危害有多大

智慧问答

切断噪声

在科学上，我们用“分贝”来表示声音的强弱，“分贝”的数值越大，表示声音越响。我们听到的自然界的声音，一般在40分贝左右，所以听起来感到很舒服；家用电器的声音就比较高了，大多在50~90分贝；车辆、机器产生的声响有时则高达100分贝左右。

据研究表明，环境中的声音超过50分贝，就会让人很难入睡；如果超过90分贝，就会损害人的听觉；如果噪声达到115分贝，能够立即使人耳聋。所以说，声音超过一定强度，就会形成噪声污染。在现代城市中，汽车、飞机、建筑等，都是重要的噪声污染源，它们产生的噪声就像“无形杀手”，严重妨碍我们的正常生活，危害我们的身体健康。

交通产生噪声

知识快车

噪声标准是由什么规定的？

《中华人民共和国城市区域环境噪声标准》规定，居住、文教机关为主的区域以及乡村居住环境的噪声标准值，白天等效噪声值为55分贝，夜间为45分贝；商业、工业混杂区白天的等效噪声值为60分贝，夜间为50分贝；城市中交通干线两侧，白天的等效噪声值为70分贝，夜间为不超过55分贝。

嘈杂的市场

超级链接

首都机场

噪声之患

北京首都机场附近的通州区徐辛庄镇管头村的母鸡从来不下蛋，原因是震耳欲聋的飞机噪声吵乱了母鸡的生物钟。该村距飞机跑道只有两千米，村民们饱受噪声之苦：每当雷鸣般的噪声响起时，村民们饲养的貉子就“吱吱”乱叫，互相噬咬；老师只能停止讲课，学生们纷纷捂住耳朵；该村的900多人，有一半多患有不同程度的心脏病。

40 焰火为什么五彩缤纷

智慧问答

古代火炮

五彩烟花

每当有重大节日和庆典的时候，人们都喜欢在晚上燃放焰火。焰火五颜六色、千姿百态，像一朵朵美丽的花儿在夜空中绽放。焰火之所以这么美丽，是因为人们制作焰火时，在火药中加入了能使火焰产生色彩的药品(化合物)。红色是加入了硝酸锶，橙色是加入了氯化钙，绿色是加入了氯化铜等金属盐类。焰火爆炸时，会产生很高的温度，从而使这些物质发出五颜六色的光芒。

知识快车

你了解焰火的结构吗？

各种烟花爆竹

焰火的顶端圆圆的，里面装有燃烧剂、助燃剂、发光剂与发色剂。而它的底部，则像个大爆竹，里面装着焰火的主要成分：黑色的火药——硝酸钾、硫磺与木炭粉的混合物，它们共同组合在一起，燃放时就会释放出美丽的焰火。

超级链接

火药的发明

火药的发明

烟花的制造离不开火药，火药是我国古代的四大发明之一。最早的火药是我国古代的炼丹家在炼制丹药时无意中配制出来的。由于这种“药”容易起火，所以人们就叫它火药。火药的发明距今已经有 1 000 多年的历史了，人们用它来制造鞭炮和焰火，还用来打猎，甚至应用于军事中。此外，在我国古代的医书中还有关于用火药来治病的记载。

41 夏天为什么要防晒

智慧问答

遮阳

经常适当地晒太阳，对我们的身体是很有好处的。但是，在炎热的夏季却要注意防晒。这是因为夏季的太阳光特别强烈，暴露在外面的皮肤很容易被阳光中的紫外线晒伤，出现红肿疼痛、脱皮等现象，严重时甚至会得皮肤癌。因此，人们在夏天出门时要戴上太阳镜和遮阳帽，在皮肤上还要涂一些防晒霜，并尽量避免长时间将皮肤暴露于阳光之下。这样才可以保护皮肤免受紫外线的伤害。

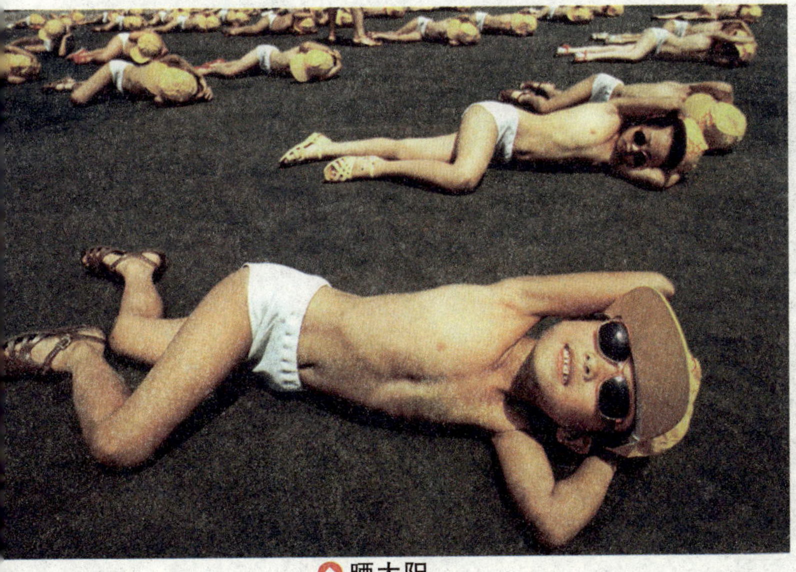

晒太阳

知识快车

你了解臭氧层吗？

我们知道，地球大气层的外围是臭氧层，它可以吸收太阳辐射90%的紫外线。太阳的紫外线很强，而地球表面的生物，只需少量的紫外线照射就能健康生长。如果臭氧层受到破坏出现空洞，紫外线就会大量照射到地球上来，地球上的生物就会因经不起大量紫外线的照射，而丧失免疫能力，同时也很容易使人患上皮肤癌！

生机勃勃

超级链接

长发飘飘

头发也要防晒

皮肤需要保养，头发也需要呵护，如果头发长时间地暴晒在阳光下，就会变得干燥发黄，没有韧性，容易断裂和分叉。这是因为紫外线会破坏头发中的蛋白质，同时还会破坏头发的内部结构，长时间的紫外线照射会使头发失去水分和弹性，自然就变得脆弱，甚至褪色变黄。所以，小朋友记得夏天出门可要戴上太阳帽哟！

42 怎样洗头才科学

智慧问答

俏皮发辫

柔顺健康的头发不仅可以保护我们的头部，还能使我们看起来美丽而有精神。但是，头皮每天都会分泌皮脂，皮脂在滋润头皮及头发的同时，也会吸附空气中的灰尘和细菌，再和头发上的头屑、汗液混合在一起，头发就很脏了，同时头皮还会发痒，这时我们就该洗头了。

如丝秀发

其实洗头也要讲科学。首先应常洗，一般情况下，应每两天洗一次；其次是在洗之前，应该把头发梳理好；洗头时不要用过烫的水或冷水，应该用40℃左右的温水并选择与头皮的弱酸性相同的天然洗发剂；另外，在洗发时，不要用指甲抓挠，应用指腹来按摩。做到了这几点，不但可以有效去除我们头上的污垢，还有助于头发的营养吸收，让你的头发更健康漂亮！

知识快车

头皮屑是从哪里来的？

去屑产品

人的头部皮肤和身体皮肤一样，表面细胞总是在不断地老化，同时又会长出新的细胞。而头皮上长着头发，老化的细胞不易脱落，就形成头皮屑。如果头皮屑过多，一梳头就像雪花一样落下来，这可能是头皮被真菌感染了。用一些含有抗真菌药物的洗发剂洗头，可以改善这种状况。

超级链接

头发的寿命

头发脱落是自然现象。通常每根头发的寿命，男性为 2~4 年，女性为 3~6 年或 5~7 年。人类每根头发的生命周期也不尽相同，但头发始终会保持一定的量，每天脱落几根，生出几根都是正常的。一般来说，人 90%的头发都处于生长期。

吹风

43 睡觉为什么要枕枕头

智慧问答

枕头

人睡觉时之所以枕枕头是因为枕头可以支撑头部的重量，使身体全然放松，得到良好的休息。

枕头的高度也有讲究，枕头若太低，会使呼吸系统呈直线，容易发生打鼾即打呼噜；若枕头太高，会使背部到臀部之间与床面形成架空层，会因缺乏依托从而使头部、颈椎和腰部压力增大，导致头、颈椎、腰部疼痛。枕头的高度以6~8厘米为宜。另外还要选择柔软适中的枕头，因为使用太硬的枕头，容易因脑部血管过度受压而造成血液循环不良。

香甜入梦

知识快车

用什么样的枕头最有利于健康？

一个标准的枕头，枕心应该选用荞麦、木棉花等透气物质，枕心套囊、枕套都应该选择纯棉面料，这样睡醒后脑袋才不会昏昏沉沉。枕头的宽度也相当重要，宽度要能托住双肩，这样才能使头、颈椎、肩部都能得到很好的放松和休息，减少头痛、颈椎病和腰痛的发生。

棉布枕头

超级链接

司马光塑像

司马光的"警枕"

司马光，北宋人，是我国著名文学家、史学家，曾主编史学巨著《资治通鉴》。司马光虽然出身官宦之家，却过着勤俭苦读的生活，他的房间里陈设简单：一个木板床，一床粗布被，还有一个为督促自己勤奋读书而特制的圆木枕头。这枕头是圆的，容易滚动，睡梦中只要一翻身，或头一动，枕头就滚落到地上，人就会惊醒过来，这样司马光就可以起来继续读书啦。司马光给这个枕头起了个很有意思的名字，叫做"警枕"。

44 肥皂为什么会起泡泡

智慧问答

肥皂泡

肥皂会起泡泡是因为它里面有大量的表面活性剂。这种活性剂，一端具有亲水的性质（亲水基），另一端则不溶于水，具有与水相斥的性质(厌水基)。当表面活性剂和水混合时，亲水基的一端会溶于水中，厌水基的一端则会脱离水，聚集在水面。当我们在搅动肥皂水时，空气便会被搅入水中，遇到厌水基就会被包起来，于是形成了一个个的肥皂泡泡。

打肥皂泡

知识快车

你知道最初的洗发剂吗？

在古罗马，最初的“肥皂”是用山羊、绵羊或牛的油脂加水，再和青岗树烧的灰合制而成的。当时的“肥皂”有硬的、软的和液态的三种。人们不仅用肥皂洗脸，还用肥皂给头发染色，如黄色、玫瑰色或红色，以实现追求美的愿望。后来，古罗马人发现在头发上涂些加有矿物颜料的植物油后，再用“肥皂”洗，会产生很多泡沫。冲洗后，头发就会变得干净、飘逸。这就是古罗马人创造的“洗发剂”。

现代洗发水

超级链接

肥皂剧

最早的肥皂剧(soap opera)是20世纪30年代美国无线电广播中播放的一种长篇广播连续剧。由于当时的赞助商主要是日用清洁剂厂商，其间插播的广告主要是“肥皂”广告，人们便把这类电视剧称为“肥皂剧”。

20世纪30年代的美国肥皂剧

45 废电池有什么危害

智慧问答

废旧电池回收箱

干电池是我们生活中较常用的物品，不知大家注意到没有，在干电池的外皮上都印有环保标志，所以不能乱丢或焚烧废旧的干电池。这是为什么呢？

废旧电池虽然体积小，但危害很大。废旧电池被遗弃后，电池的外壳会慢慢腐蚀，其含有的汞、镉、铅等重金属都会随废液一起流出，造成对地下水和土壤的严重污染。重金属污染的最大特点是它在自然界里不能分解，只能通过净化作用将污染消除。如果我们喝了被污染的水，会发生汞、镉中毒；如果随便焚烧废电池，也会引起汞中毒，并易患脑炎。

废旧电池

一粒纽扣电池可污染60万升水，等于一个人一生的饮水量。一节电池烂在地里，能够使一平方米的土地失去利用价值。所以关爱身边环境、参与废旧电池的分类回收利用是我们每一个人的责任和义务。

知识快车

日常生活中的垃圾是怎样处理的?

在我们的日常生活中,每天都会产生大量的垃圾。怎样处理这些垃圾成了一个很难解决的问题。以前人们主要用深埋或焚烧的方法来处理,但这样同样污染环境和水源。现在人们开始对垃圾进行分类处理,把那些可以利用的垃圾分拣出来回收,并制造成新的产品。

垃圾回收

超级链接

澳大利亚的生态环保

澳大利亚是一个非常注重环保的国家。但是,在澳大利亚对于生态垃圾,比如说吃完的果核,却可以随便丢弃。原来澳大利亚有许多野生动物,这些吃完的果核正好可以做这些小动物的食物,即使不被吃掉,也会在土壤里腐烂,不会污染环境。

悉尼歌剧院

46 灯泡用久了为何会发黑

智慧问答

爱迪生

日常用的灯泡，不管是圆圆的白炽灯，还是长长的荧光灯，如果用的时间久了，都会渐渐变黑变暗，看起来没有以前那么明亮了。这是因为电灯的灯丝是用钨丝做成的，电灯亮着的时候，会产生很高的温度，钨丝在高温作用下，表面上的一小部分就会变成蒸气挥发出去。而在关灯之后，温度下降，钨的蒸气就会凝结到变冷的灯泡玻璃壁上。时间久了，灯泡上就像挂上了一层薄薄的黑霜，渐渐就变黑了。

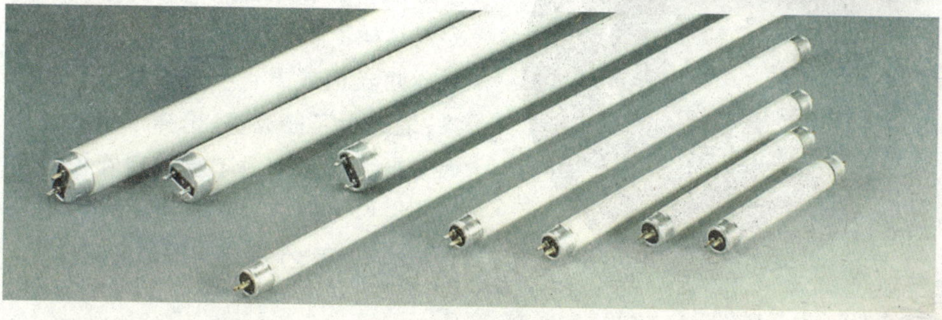
灯管

知识快车

你知道人们怎么延长灯泡的使用寿命吗?

在高温作用下，电灯泡的钨丝不断挥发，越来越细，等到细得维持不住了，灯丝就会断掉，灯泡就不能使用了。人们为了防止灯丝因温度过高而烧断，就在灯泡里装进混合的惰性气体——氖气或氩气，以延长灯泡的使用寿命。

充入氖气的灯泡

超级链接

灯泡

爱迪生发明电灯

爱迪生为了发明有实用价值的电灯，曾做过无数次试验。先后用过炭条、白金丝等不同材料做灯丝，最后终于于1879年制成了世界上第一个灯泡，它用炭化的竹丝做灯丝，足足连续亮了45个小时。但是，炭化的竹丝灯丝的效果也不是很理想。后来，爱迪生不断改进，选择了用钨丝做灯丝，终于制成了我们现在的灯泡。人们为了纪念爱迪生的发明，把每年的10月21日定为电灯发明日。

47 养宠物会影响健康吗

智慧问答

宠物身上有多种细菌和寄生虫，会传染给人类。比如，狗的唾液、粪便中有一种过滤性病毒，会传播狂犬病；猫会传染钩形体病、弓形体原虫病；小鸟身上带有血原虫，极易使人受到传染等等。另外，小朋友们都喜欢抱小宠物，这样会使它们身上的跳蚤跳到身上，从而影响健康。所以在养宠物时，一定要注意清洁卫生。

小狗

养鸟

知识快车

宠物对孕妇及胎儿有影响吗?

孕育希望

宠物的身上有一种寄生虫叫弓形虫。这种寄生虫在孕妇怀孕的时候对胎儿会产生很大的影响，严重的甚至会造成胎儿畸形。所以妇女在怀孕期间最好不要养宠物,也不要抱宠物,更不要搂着宠物睡觉。如果现在家中已经有怀孕了的准妈妈,最好到医院去检查一下,看一下血液中是否有弓形虫,若有,应及早治疗。

超级链接

灵巧的猫

灵巧的猫

小朋友,你观察过吗?猫从高处摔下来一点都不会受伤。因为猫的脚掌长着又厚又软的肉垫,有很好的减震功能。同时,猫的长尾巴也起着调节作用,使身体保持平衡,所以即使它从很高的地方摔下来也不会有事的。

48 怎样擦玻璃又快又干净

智慧问答

茶色玻璃

擦玻璃看起来简单，做起来却不容易。想要又快又好地把玻璃擦得干干净净，是需要一定技巧的。平时家里的旧报纸可不要随便扔掉，它可是很好的擦玻璃用品。这是因为旧报纸上的油墨有很强的吸附性，用它来擦玻璃，不仅可以除掉玻璃上的一些顽固的污垢，而且可以将玻璃擦得又光又亮。其实方法很简单：先用干净的抹布蘸上水，把玻璃的一面擦一遍，然后用报纸仔细地再擦一遍；擦完一面，用同样的方法再擦另一面，这样用不了多久，玻璃就擦干净了。方法简单，效果也不错，不妨来试一试吧！

擦玻璃

知识快车

你知道玻璃有哪些特点吗?

玻璃具有一系列非常可贵的特性:透明、坚硬、良好的化学稳定性;可通过化学组成的调整,大幅度调节玻璃的物理和化学性能,以适应各种不同的使用要求;可以用吹、压、拉、铸、槽沉、离心浇注等多种成形方法,制成各种形状的空心和实心制品;可以通过焊接和粉末烧结等加工方法制成形状复杂、尺寸严格的器件。而且,制造玻璃的原料丰富,价格低廉。因此,作为结构材料和功能材料,玻璃在建材、轻工、交通、医药、化工、电子、航天、原子能等领域得到了极其广泛的应用。

玻璃球

超级链接

科学解决玻璃上起水雾

我们在洗澡时,水蒸气常常把浴室里的玻璃镜子弄得模糊不清,时间长了还会腐蚀玻璃。为防止浴室的镜子起水雾,在这里教你一个"绝招":在洗澡之前,把肥皂均匀地涂在镜子上,再用干的软布擦一下,这样就可以在镜面上形成一层薄薄的皂液膜,镜子就不容易模糊了。另外,在镜子上擦些洗涤灵,也能起到同样的效果。

镜子

49 暖气片为何要靠窗安装

智慧问答

温暖如春

把暖气片安装在靠近窗户的地方，是因为这样暖气片可以就近随时把从窗缝进入屋子的冷空气加热，屋子里就会始终温暖如春了。如果把暖气片装在离窗户较远的地方，从窗缝进入的冷空气要在屋里流通一段时间才能碰到暖气，这样屋里就没那么暖和了。

暖气片

知识快车

现在城市主要以什么方式供暖？

集中供暖厂

集中式供暖是城市供暖的主要方式。集中供暖以城市热网、区域热网或较大规模的集中供暖为热源，在目前以至今后一段时间内可能仍是城市住宅供暖的主要方式。集中供暖的优点是技术成熟，使用方便、安全可靠，价格适中，每天24小时不间断供暖；缺点是供暖时间和温度无法自主控制。

超级链接

热气球

热气球

热气球能飞上天空，原因是热空气比冷空气轻。热气球里的空气被加热后，球内的空气比它周围的空气轻，这样气球就能飞起来了。

50 遥控器为什么能遥控

智慧问答

遥控器只是一个发射装置，要与安装在电视机或空调里信号接收器联合起来才能工作。当我们按下不同的按键时，发射器会发出不同的信号，接收器就会按照信号发出的指令控制电视及空调的运作，遥控就实现了。这大大方便了我们的生活。

遥控器

液晶电视

知识快车

中国第一台电视机是哪里生产的？

中国第一台电视机"北京"是1958年3月由天津无线电厂试制成功的。

1958年以前，中国电视工业一直是一片空白。1957年6月，天津无线电厂接受了党派给他们的光荣任务——研制中国自己的电视机。在没有技术资料、材料，仅有几台电视机散件的困难条件下，天津无线电厂同研制电视发射机的北京广播器材厂密切配合，通力合作，经过不懈努力，终于在1958年1月成功装配出第一台样机。1958年3月17日，"北京"电视机试播成功。中国从此结束了电视工业空白的历史。

生产电视机

超级链接

遥控的多用途

现在不仅有遥控电视机、遥控空调，还有遥控飞机、遥控机器人等。遥控器可以代替人在艰难的环境中去完成多项任务，如对卫星的遥控、对飞船的遥控等。

机器人

51 吸尘器为什么能除尘

智慧问答

吸尘器电机

吸尘器之所以能吸附尘土等杂物，是因为吸尘器的真空泵里有电动机，电动机带动风扇做高速转动，产生强大的吸力，通过导管和吸头就把周围的空气、灰尘以及细小的脏物一起吸入过滤袋；而吸入过滤袋中的空气可以通过通道排出吸尘器。

吸尘器

知识快车

你知道吸尘器吸尘的原理吗?

吸东西离不开风，风就是空气的流动。吸尘器外面的气压大于里面，空气带着灰尘经过过滤器，在过滤器中灰尘被留下了，空气则跑出去了。这就是吸尘器吸尘的原理。

鼓风机

超级链接

城市吸尘器

现在很多城市保洁也用上了道路清扫车，实现了城市保洁的机械化，使清洁工人从繁重的体力劳动中得以解脱。

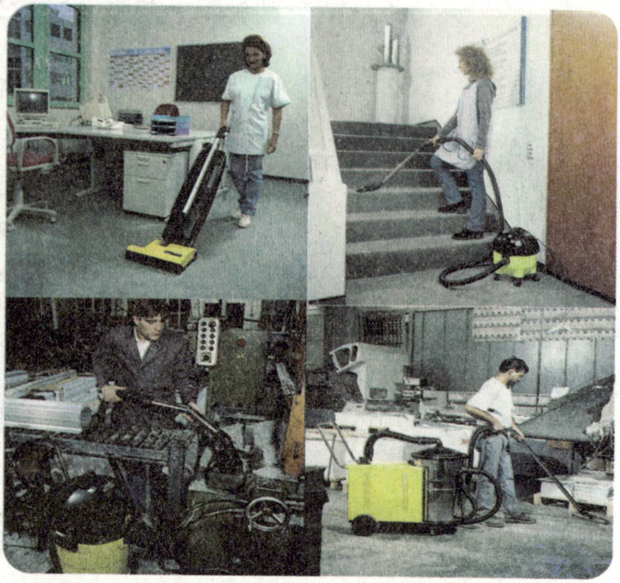

用吸尘器打扫卫生

52 蜡烛为什么有芯

智慧问答

工艺蜡烛

家用蜡烛

蜡烛能够燃烧，其实全靠芯来帮忙。蜡烛的芯是用浸过油的棉纱做成的，特别容易燃烧，一根火柴就能把它点燃。芯燃烧后，会把周围的蜡烤化，使它们变成液体，然后再把液体的蜡慢慢吸上来，送到芯的顶端。在芯的顶端，蜡继续被火焰加热变成气体，接着燃烧。芯能够源源不断地把蜡吸上来，所以蜡烛才会不停地燃烧，直到整支蜡烛烧完。可见没有芯的蜡烛是不能燃烧的。

知识快车

"蜡"字为什么是虫字旁?

有一种虫叫白蜡虫。白蜡虫寄生在白蜡树上，连成一片,吃的是树汁,分泌的就是白蜡。到了该收获的时候,将它们的分泌物连片割下,稍微加热，白蜡就会分离出来。所以"蜡"字带"虫"字旁。

中国古代用的就是这样的白蜡，这种白蜡是天然产品，石蜡在很多方面是替代不了它的。

白蜡虫

超级链接 关于蜡烛的诗句

春蚕到死丝方尽,蜡炬成灰泪始干。(唐·李商隐)
何当共剪西窗烛,却话巴山夜雨时。(唐·李商隐)

点点烛光

53 落叶为什么正面着地

智慧问答

凋落

落叶之所以正面着地，是因为树叶的正面细胞排列整齐、致密，包含着很多叶绿体，叫作栅栏组织；而背面细胞内叶绿体少，排列疏松，称为海绵组织，比正面要轻。正是因为正面重而背面轻，所以树叶飘落的时候，背面常常向上，而正面常常着地。

秋风扫落叶

知识快车

同一棵树上的树叶形状是相同的吗？

不是，世界上没有完全相同的两片树叶，即使同一棵树上的树叶也存在或多或少的差别。不信小朋友可以自己去观察观察哟。

枝繁叶茂

超级链接

绿叶发电

由于地球上的能源日趋紧张，科学家们正在努力研究各种可再生能源，绿叶发电便是其中之一。树木不仅可以为人类创造绿色环境，而且树木的绿叶还具有一种鲜为人知的奇特功能——发电。科学家们经过研究还发现，绿叶发电并不受季节、气候与天气的影响，随时能够吸收光能并将其转化为电能。如果此项研究能应用于实际，将会大大缓解目前世界上用电紧张的局面。

移动电源车

54 为什么乘车要系安全带

智慧问答

安全无忧

急刹车

行驶的汽车在紧急刹车或急转弯时，司乘人员在惯性的作用下，会不由自主地前倾或向左右倾斜。这时，小小的安全带就起到了重要的作用。它能防止司乘人员向前冲撞挡风玻璃，并避免因左右碰撞而受伤，甚至被甩出车门外。因此不要小瞧这小小的安全带，乘车时可一定要系好哟！

知识快车

为什么小型汽车司乘人员尤其要系好安全带？

安全带

据资料统计，在各种汽车碰撞事故中，使用安全带可使60%的司乘人员免于死伤。特别是小型汽车，由于它重量轻，和大型汽车相撞时，司乘人员的死伤几率为大型车的8倍，因而在小型汽车上使用安全带尤为重要。

超级链接

加油站

加油站油库设计

汽车油箱里的油不够时，都要到加油站加油。你是否注意到了加油站油库的特殊设计？加油站的油放在油库中，油库就设在地下。给汽车加油时，就用油泵把油抽上来。这样既安全，又能少占用土地。地下的空间很大，油库够大，储油量就够多，就能够及时地供应给来加油的汽车。

55 火车为什么用双层玻璃

智慧问答

火车车厢

火车上用双层玻璃是车厢内保温的需要。因为双层玻璃之间夹着一层空气，而空气如果能长时间保持干燥、不流动就不容易传热。这样，车厢内的热量就跑不出去了。即使火车在冰天雪地里行驶，车厢内也能保持温暖。同时这种设计也阻隔了火车行驶中所产生的噪声；而且双层玻璃还可以增强火车对风沙的抵御能力。

行驶的列车

知识快车

火车票为什么要剪口？

剪票最主要的是发挥“强制保险”的作用。铁路部门在发售火车票时，一并核收了旅客缴纳的强制保险金，从旅客持票剪口后到交票出站为止，在此过程中因意外事故发生的人身伤亡，由铁路部门负责向旅客支付保险金。

火车票

超级链接

火车站

火车上的小笑话

商人吉米在铁路上做了多年的买卖，这天偶然发现一列火车准时到了站。他连忙跑到列车员跟前说：“请吸烟，我祝贺你！我在这条铁路上跑了15年，这还是第一次见火车准点到站。”“留着你的烟吧，”列车员说，“这是昨天的列车！”

56 什么是磁悬浮列车

智慧问答

磁悬浮列车

磁悬浮列车是一种利用磁极间吸引力和排斥力运行的高科技交通工具。列车上装有电磁体，铁路底部则安有线圈。通电后，地面线圈产生的磁场极性与列车上的电磁体极性总保持相同，两者“同性相斥”，排斥力使列车悬浮起来。铁轨两侧也装有线圈，交流电使线圈变为电磁体。它与列车上的电磁体相互作用，使列车前进。列车头的电磁体(N 极)被轨道上靠前一点的电磁体(S 极)所吸引，同时被轨道上稍后一点的电磁体(N 极)所排斥，一“推”一“拉”产生巨大前进力，使列车快速前进。

风驰电掣

磁悬浮列车运行时与轨道保持一定的间隙（一般为 1~10 厘米)，因此具有无摩擦、运行安全、平稳舒适、无噪声等优点。磁悬浮列车车辆使用寿命可达 35 年，而普通轮轨列车只有 20~25 年；磁悬浮列车的路轨寿命是 80 年，普通路轨则只有 60 年。相比之下，磁悬浮列车具有明显的优势。

知识快车

磁悬浮列车能快到什么程度？

磁悬浮列车启动后 39 秒即达到最大速度，最高时速可达 552 千米。据科学家预测，到 2014 年，磁悬浮列车采用新技术后，时速将达 1 000 千米。

零高度飞行

超级链接

中国的磁悬浮研究

中国第一台载人磁悬浮列车于 1995 年 5 月 11 日在国防科技大学研制成功，使中国成为继德国、日本、英国、苏联、韩国之后，第 6 个成功研制出磁悬浮列车的国家。这标志着中国磁悬浮技术研究已进入国际先进行列。

中国的磁悬浮列车

57 人为什么会晕车、晕船

智慧问答

客车

乘坐长途汽车或轮船时,有人会感到头晕恶心,其实,这和我们的耳朵有关。在我们耳朵内部充满了淋巴液,它有平衡人体感觉的功能。汽车摇摇晃晃,淋巴液流来流去,有些人的平衡感觉特别敏感,就会引起头晕、呕吐,这就是晕车、晕船。当然,有些人因为睡眠不足,饮食不当(过多或过少)、饮酒过度、精神紧张、噪声、汽油味、腥味等不良刺激,或从未乘过车、船,产生对车、船的不适应也会出现晕车、晕船的症状。

客轮

知识快车

怎样防治晕车、晕船？

首先要加强身体锻炼，强壮体质；同时，要保证睡眠充足，饮食宜清淡且易消化；保持良好的精神状态也很重要。当晕车、晕船一旦发生或即将发生时，最好能平卧休息。

另外，对防治晕车、晕船效果较好的外治方法有以下几种：

(1)用清凉油或风油精等涂擦在额头部位。

晕车贴

(2)取生姜一片，贴在肚脐上，外用胶布或伤湿止痛膏固定。在肚脐上直接贴上一块伤湿止痛膏，亦有防治作用。

(3)将鲜生姜 1~2 片放在口罩里，再把口罩戴上。

超级链接

引起头晕的情况

人不仅在乘车或乘船时会感到头晕，有时候蹲久了突然站起来也会感到头晕，这是为什么呢？原来当我们蹲着的时候，腿部血液减少，头部血液增多，突然站起来血液会迅速流向腿部，这时头部就会出现暂时性供血不足，因此就会觉得头昏眼花。

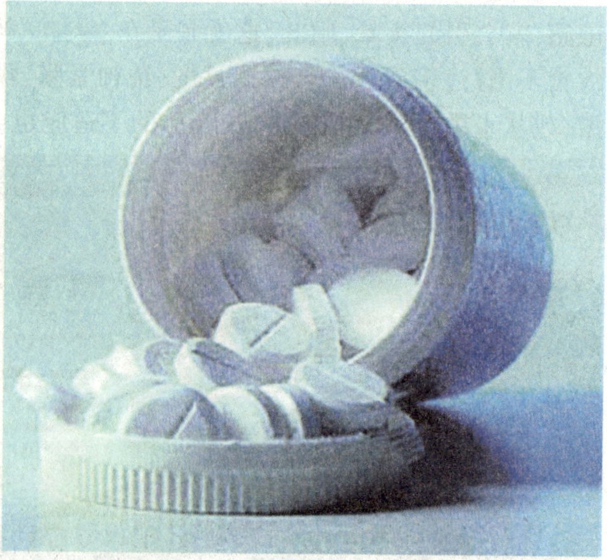

晕车药

58 安检设备是怎样工作的

智慧问答

爆竹

旅客进站乘车时,需要把行李包裹放到安全检查仪上。安检仪用X射线检查包裹。X射线可以将各种物体的图像扫描到荧光屏上。根据屏幕显现影像的深浅程度,工作人员就能准确判断出里面是否藏有禁带物品。

安检工作室

知识快车

你知道 X 射线吗？

1895 年伦琴发现了 X 射线。在此基础上，科学界接连发现了放射现象、放射性元素、电子等等。伦琴也因此获得首届诺贝尔物理学奖。

X 光拍的照片

超级链接

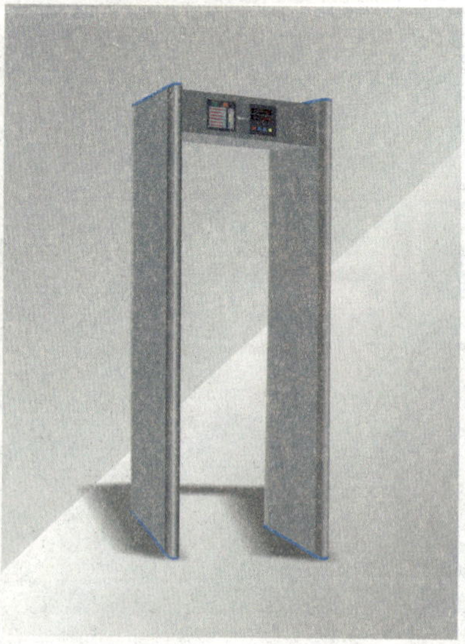

安检门

“安检”小笑话

一架飞机刚抵达某机场，机上的服务员将一个可疑的罐子交给当地的航警。航警打开一看是粉状的物质，于是把手伸进去蘸了一点儿放在舌尖测试。

“嗯，不知道是什么东西？我知道不是毒品，可是也不是糖。”正当空服员和航警在狐疑之际，一位老太太慌慌张张地跑过来。“我上飞机时带的一个罐子不见了，请问你们有没有看到？里面装的是我先生的骨灰！”

59 过年为什么要贴春联

智慧问答

春联，是从桃符发展而来的。最初，人们在桃木板上刻上一幅对联，挂在门框上，用来避邪和表达美好的心愿。后来，明代开国皇帝朱元璋定都南京后，下令家家户户过年都要贴对联，一律用毛笔写在象征喜庆吉祥的红纸上。这样的春联看起来特别美观，红色的春联不仅美化了大街小巷，而且给人们带来了节日的喜庆，送来了春的希望。因此，春联成为我国一种独特的民间文艺形式，深受历代人民的喜爱，至今不衰。

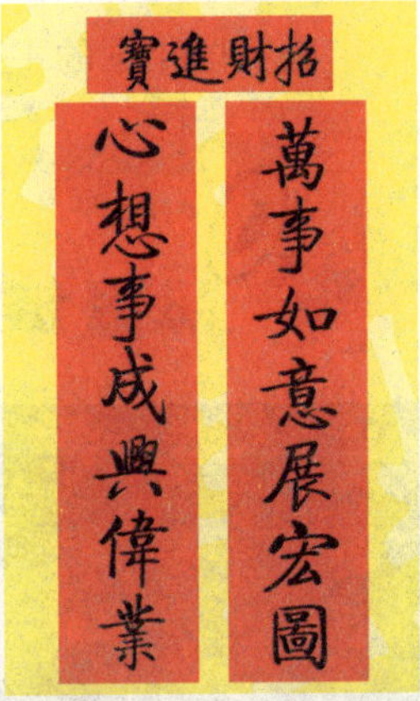

吉庆春联

桃符

知识快车

你知道我国年画的发展史吗？

年画是我国独有的一种古老的传统民间艺术，它最初起源于“门神”，并随着木版印刷术的发明而兴起。过年时，它和春联、窗花都是人们必不可少的装饰之物。吉祥喜庆的年画给人们增添了节日的欢乐。

我国最早的年画是南宋的木刻年画《隋朝窈窕呈倾国之芳容图》，画的是赵飞燕、王昭君、绿珠和班姬四位古代美女。在民间流传最广的年画则是《老鼠娶亲》，它用生动的笔墨，描绘出老鼠按照人类的风俗迎娶新娘的有趣场面。我国的年画流派众多，其中最著名的有：山东潍坊、苏州桃花坞和天津杨柳青，它们也是我国年画的主要产地。

连年有余

超级链接

喜庆新年

放鞭炮的习俗

过大年放鞭炮，这个习俗在我国已有 2 000 多年的历史了。每当正月初一，鸡叫头遍时，人们就纷纷在自己家的院子里燃放鞭炮，认为这样可以吓退瘟神恶鬼。鞭炮成为一种驱害避邪的神物。现代人们当然不再相信那一套，但放鞭炮早已成为人们的一种习俗，为节日增添了喜庆气氛，寄托了人们对美好生活的希望。

60 正月十五为什么闹元宵

智慧问答

红灯高挂

正月十五，是我国的传统节日——元宵节。每年的这天，大街小巷张灯结彩，人们逛花会、赏花灯，尽情“闹元宵”。

元宵节是我国民间最隆重的三大传统节日之一，也是最能淋漓尽致地体现节日习俗的典型节日。元宵节历史悠久，始于西汉文帝时期。由于文帝铲除了吕后专权势力的日子正好是正月十五，又因“夜”同“宵”，正月又叫元月，所以，文帝就把这一天定为元宵节。另外，当时我国是以农业为主，元宵节正好在一年中比较清闲的时候。过了元宵节，农忙春耕就要开始，所以人们就乘机好好放松一下、热热闹闹地欢庆一天。大家在这欢快的笑声、喜庆的锣鼓声中，祈祷新的一年风调雨顺、五谷丰登。

张灯结彩

知识快车

元宵节为什么吃元宵？

元宵，又叫汤圆、团子或汤团，是我国元宵佳节的传统食品之一。因为它是在元宵节这天食用，而元宵这天又是正月十五，在我国农历年中是第一个月圆的日子，元宵又是圆形的，“元”又与“圆”同音，人们便取其美满、团圆之意，把吃元宵作为元宵节最主要的活动，来表达人们渴望家庭吉祥、和睦、团圆的美好愿望。

汤圆

超级链接

元宵节的民俗文化

花灯

按照民间的传统，元宵节这天夜晚，人们要点起万盏彩灯，以示庆贺。因此元宵节也称灯节。元宵燃灯的风俗始于汉代，到了唐代，赏灯活动更加兴盛，皇宫里、街道上处处挂灯，还要建立高大的灯轮、灯楼和灯树。唐朝诗人卢照邻曾在《十五夜观灯》中这样描述元宵节燃灯的盛况：“接汉疑星落，依楼似月悬。”

说到元宵节还要提到灯谜，灯谜是元宵节三大保留节目之一。灯谜最初起源于三国时期的口头说猜；到了唐朝，它演变成藏头诗；直到南宋，它才开始出现在花灯上，那时一些文人学士为了显示自己的学识，便在元宵节的晚上，把谜语贴在花灯上，让众人猜。“灯谜”这一说法也因此而来。

61 “三八”妇女节是怎么来的

智慧问答

祝贺节日

为节日高歌

第一次世界大战前，战争的阴影笼罩着全世界。1910 年 8 月，国际社会主义者第二次妇女代表大会在丹麦首都哥本哈根召开。出席会议的有 17 个国家的代表，会议讨论的主要问题是反对帝国主义扩军备战、保卫世界和平，同时还讨论了保护妇女儿童的权利，争取 8 小时工作制和妇女选举权问题。领导这次会议的德国著名社会主义革命家、杰出的共产主义战士克拉拉·蔡特金倡议，以每年的 3 月 8 日作为全世界妇女的斗争日，这个提议得到了与会代表的一致拥护。

从此以后，“三八”妇女节便成为了世界妇女争取权利、争取解放的节日。这就是“三八”妇女节的来历。

知识快车

我国"三八"妇女节的情况怎样？

我国从 1922 年开始纪念"三八"妇女节。到 1924 年，"三八"妇女节发展为大规模的群众性纪念活动。1949 年 12 月，中央人民政府政务院(国务院的前身)规定每年的 3 月 8 日为妇女节。

欢庆节日

超级链接

节日的问候

联合国确定妇女节

联合国从 1975 年国际妇女年开始庆祝国际妇女节，确认普通妇女争取平等参与社会的权利。1977 年联合国大会通过了一项决议，请每个国家按照自己的历史和民族传统习俗，选定一年中的某一天为联合国妇女权利和世界和平日。同时，联合国把国际妇女节确定为 3 月 8 日。

62 清明节为什么要扫墓

智慧问答

陵园

清明节扫墓的习俗,相传和春秋时期的介子推有关。在2 000多年前,晋国的公子重耳因被人陷害,到处逃亡,又累又饿,他的随从介子推忍痛把自己大腿上的肉割下一块来给他充饥。后来,重耳回到晋国,当上国君,即历史上著名的晋文公。晋文公对那些跟随他流亡的随从进行封赏时,介子推不愿接受封赏,并带着母亲隐居到绵山,不肯再出来做官。晋文公没有办法,就下令放火烧山,因为他知道介子推是个孝子,就想借此把他逼出来,没想到却把介子推母子给烧死了,这一天正好是4月5日。晋文公非常悲痛,下令每年这一天都必须禁止生火,以纪念介子推。

扫墓

后来,人们也纷纷前往介子推的墓前打扫祭祀,表达对他的敬仰之情。于是,就逐渐演变成了现在的清明扫墓的习俗。

知识快车

你知道花圈的由来吗?

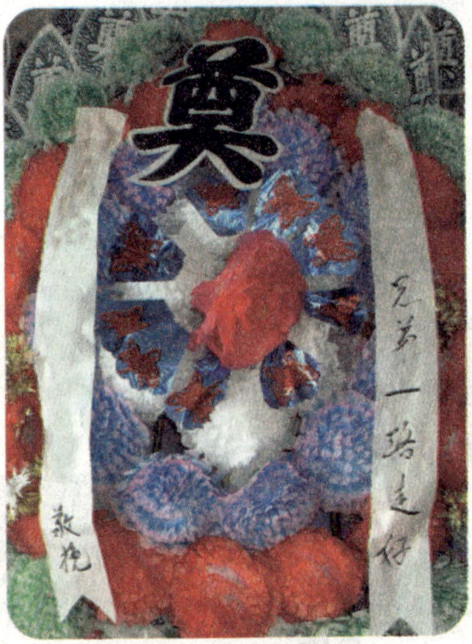

花圈

送花圈的习俗最初来源于北欧，当时它是一种只有胜利者和勇敢者才有资格得到的奖赏。在北欧的传说中，如果一个人在临死时带上花圈，死后他的灵魂就会被天使带到天堂。而且，早在古罗马的《十二铜表法》中《神圣法》第七条就这样写道：如果有人亲身或者由于自己的奴隶或马能在竞赛中取胜而得到花圈，那么在他死的时候，不管他身在何处，都可以把花圈放在身边，并允许他的亲属在他死后带着花圈参加葬礼。后来，送花圈就成为了一个葬礼的风俗。

超级链接

清明

唐·杜 牧

清明时节雨纷纷，
路上行人欲断魂。
借问酒家何处有，
牧童遥指杏花村。

清明时节

63 劳动节是怎么来的

智慧问答

劳动公园

“五一”国际劳动节是全世界劳动人民的共同节日。

“五一”国际劳动节源于美国芝加哥城的工人的一次大罢工。1886年5月1日，芝加哥的216 000余名工人为争取8小时工作制而举行大罢工，经过艰苦的斗争，终于取得了胜利。为纪念这次伟大的工人运动，1889年7月第二国际宣布将每年的5月1日定为国际劳动节。这一决定立即得到世界各国劳动人民的积极响应。于是“五一”劳动节就这样被确定下来了。

收割

知识快车

你了解中国的"五一"节吗？

中国的"五一"节可追溯至1918年。当时，一些革命知识分子在上海、苏州、杭州、汉口等地向群众散发传单，介绍"五一"是劳动人民应拥有的节日。在革命知识分子的宣传带动下，1920年5月1日，北京、上海、广州、唐山等地的工人群众浩浩荡荡地走向街头，举行了声势浩大的游行、集会，这就是中国历史上的第一个"五一"劳动节。

欢庆"五一"

解放后，中央人民政府政务院将5月1日定为法定的劳动节，这天全国统一放假一天。人们兴高采烈地聚集在公园、剧院、广场，参加各种庆祝集会或文体娱乐活动，欢庆自己的节日。国家也会在这一天对有突出贡献的劳动者进行表彰。

超级链接

旅游黄金周

假日黄金周

1999年9月，国务院改革出台新的法定休假制度，每年春节、"五一"节和国庆节法定节日，全国统一放假7天。从此，3个"黄金周"掀起的旅游消费热潮成为我国经济生活新的增长点，假日经济也成为人们关注的新话题。

64 “六一”儿童节是怎么来的

智慧问答

节日快乐

1949年11月，国际民主妇女联合会在莫斯科举行理事会议，与会的各国代表愤怒地揭露了帝国主义分子和各国反动派残杀、毒害儿童的罪行。为了保障世界各国儿童的生存权、保健权和受教育权，为了改善儿童的生活，提高儿童的生存质量，会议决定以每年的6月1日作为国际儿童节。

庆祝自己的节日

知识快车

你知道1949年前各国的儿童节是哪一天吗？

1949年以前，很多国家也有儿童节。1925年，国际儿童幸福促进会倡议建立儿童纪念日，美、英等国积极响应，先后规定了自己国家的儿童节，英国规定每年的7月14日为儿童节，美国规定5月1日为儿童节。日本的儿童节很特殊，分男女儿童节，男儿童节5月5日、女儿童节3月3日。

欢聚一堂

自从1949年国际民主妇女联合会确立6月1日为国际儿童节以后，世界各国纷纷废除原来的儿童节，而统一为“六一”国际儿童节。

超级链接

我国儿童节的变迁

我国曾在1931年规定4月4日为中国儿童节。后来中华人民共和国政府于1949年12月宣布：以“六一”国际儿童节代替原来的“四四”儿童节，并规定少年儿童在这一日放假一天。

过节喽

65 端午节有什么传统活动

智慧问答

赛龙舟

端午节又叫端阳节。在古代，“午”和“五”是通用的，而“端”则是开端，端午节由此得名。包粽子、赛龙舟是端午节的重要活动，这还得从伟大的爱国诗人屈原说起。

屈原是春秋时期楚国的大夫（官职），因其德才出众、忧国忧民而得到楚怀王的信任和重用，也引起了上官大夫和公子子兰的嫉妒。他们屡次在楚王面前说屈原的坏话，因此，楚王开始疏远屈原，不再信任他，最后还把他放逐到偏远的地方。屈原满怀悲愤地离开了国都，后来，楚国沦陷，他听说后悲愤至极，于五月初五这天含着对国家的怀念和亡国的悲痛，怀抱石头跳进滚滚汨罗江中，以身殉国。楚国的百姓听说他投江后悲痛极了，都到江边去悼念他。人们担心他的尸体被鱼虾咬坏，一边划着船去打捞，一边往江里面扔粽子等食物。后来，每到这一天，人们都会包粽子、赛龙舟，来表达对屈原的爱戴和纪念，并流传至今。

屈原故里

知识快车

粽子有哪些品种?

过端午节,粽子是必不可少的食品。粽子,又称"角黍"、"简粽",它的种类很多,较为有名的有苏州粽子、广东粽子、北京粽子。其中苏州粽子为四角形,有枣泥、鲜肉、豆沙等品种;广东粽子则用荷叶包裹,一般个头较大,后背隆起一只尖角,有蛋黄、什锦等品种;北京粽子是北方粽子的代表,有糯米粽和大黄米粽,别具风味。

粽子

超级链接

端午节域名之争

2005年10月,端午节网站的中文主域名"端午节.cn"被韩国某公司注册,鉴于之前中韩两国的端午节申遗之争已经到了白热化程度,"端午节"中文域名的抢注,无疑使中韩端午节之争从现实升级到网络。

由于域名注册遵循先注先得的国际惯例,韩国公司抢先注册并不违规,随后为了避免"端午节.cn"流失异国,互联网域名投资者姚劲波花3万美元从韩国人手中买回了中文域名,并无偿送给了秭归市,最终使"端午节.cn"活了起来。如今,这个网站不但收录了端午节的历史由来及各种节日风俗,还成了秭归地方文化形象的一个宣传窗口。

今日秭归

66 中秋节为什么要吃月饼

智慧问答

李世民画像

八月十五是我国传统的中秋佳节，在这一天，全家人聚在一起，吃蟹、喝桂花酒、赏月，而且每年都少不了又香又圆的月饼。那么，中秋节吃月饼这个习俗是怎么来的呢？

在我国唐代的时候，就有中秋节吃月饼的习俗了。它的来源相传与唐太宗有关。唐太宗李世民为平定突厥的屡次侵犯，决定征讨北方突厥，派大将李靖亲自率军出征，结果屡建奇功，并在八月十五日这天凯旋。为了庆祝胜利，长安城军民通宵狂欢。有一个在长安的吐蕃人，特意向皇上献圆饼表示祝贺。太宗李世民非常高兴，他从华丽的饼盒中取出彩色圆饼，指着悬挂在天空的明月说道："应将胡饼邀蟾蜍(即月亮)。"并把圆饼分给了文武百官。

美味月饼

从此，中秋节吃月饼的习俗便流传了下来。今天，我们在中秋节吃月饼，不仅为了庆祝丰收、胜利，而且还有对亲人团圆的一种期盼。

知识快车

为什么八月十五叫"中秋节"呢？

"中秋"一词最早见于《周礼》。按照我国古代历法解释，农历八月在秋季当中，而十五又是这月中间的一天，所以八月十五被称为中秋。一年分为四季，每季又分为孟、仲、季三部分，所以中秋也称"仲秋"。中秋夜晚，皓月当空，人们把月圆看作团圆的象征，希望亲人能够团聚在一起，因此，也称中秋节为团圆节。

中秋月圆

超级链接

海上升明月

十五的月亮十六圆

满月为"望"，无月为"朔"。由"望"到"望"，或由"朔"到"朔"，平均需要29天12小时44分，这叫一个朔望月。每一个"朔"都一定出现在农历的每月初一，而"朔"之后平均在经过14天18小时22分才是"望"，因此，"望"月常常不是发生在十五的晚上，而是十六的晚上。俗话说"十五的月亮十六圆"，就是这个道理。

67 教师节是怎么来的

智慧问答

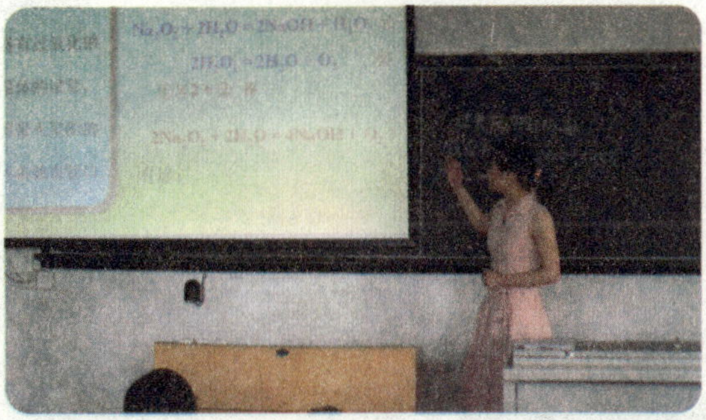

三尺讲台

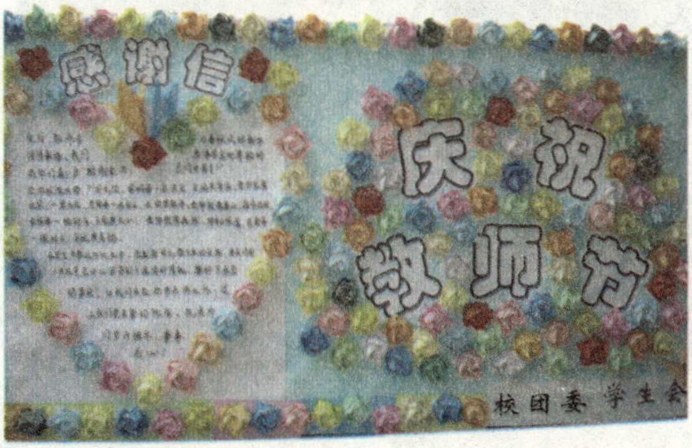

欢庆教师节

国务院于1985年1月11日，向全国人民代表大会常务委员会提出关于确定每年9月10日为教师节的议案。1985年1月21日举行的第六届全国人民代表大会，同意关于确立教师节的议案，决定9月10日为教师节。

之所以选择9月10日作为教师节，是因为9月份全国性节日少，便于各方面集中时间组织活动和宣传报道，以促进在全国范围内形成尊师重教、尊重知识、尊重人才的良好社会风尚。

知识快车

1985 年以前我国有教师节吗？

在 1931 年，教育家邰爽秋、程其保等在南京中央大学集会，发表要求“改善教师待遇，保障教师工作和增进教师修养”的宣言，并议定 6 月 6 日为教师节，也称双六节。后来教师节又改为 8 月 27 日(农历孔子生日)。

新中国成立后，中央人民政府曾恢复 6 月 6 日为教师节，1985 年教师节被确定为每年的 9 月 10 日。

孔子画像

超级链接

师生联欢

各国教师节一览

委内瑞拉：1 月 15 日
泰国：1 月 16 日
苏丹：2 月 24 日
德国：6 月 12 日
朝鲜：9 月 5 日
印度：9 月 5 日
美国：9 月 28 日
法国：12 月 25 日

68 国庆节是怎么来的

智慧问答

在中国人民政治协商会议第一届全国委员会第一次会议上,许广平委员发言说:“马叙伦委员请假不能来,他托我来说,中华人民共和国成立,应有国庆日,所以希望本会决定把10月1日定为国庆日。”毛泽东说:“我们大家作一提议,向政府建议,由政府决定。”1949年10月2日,中央人民政府通过《关于中华人民共和国国庆日的决议》,规定每年10月1日为国庆日,并以这一天作为宣告中华人民共和国成立的日子。

从此,每年的10月1日就成为中国各族人民隆重欢庆新中国成立的节日了。

盛装的天安门

普天同庆

知识快车

你知道“国庆”一词的起源吗？

“国庆”并不是现在才有的词语，“国庆”一词，本指国家喜庆之事，最早见于西晋。西晋的文学家陆机曾在《五等诸侯论》一文中记载“国庆独飨其利，主忧莫与其害”。在封建时代，国家喜庆的大事，莫过于帝王的登基、诞辰等。因而我国古代把皇帝即位、诞辰称为“国庆”。

祖国万岁

超级链接

美国国庆

外国的国庆节名称

国庆节是每个国家的重要节日，但名称有所不同。有许多国家叫“国庆节”或“国庆日”，还有一些国家叫“独立日”或“独立节”，也有的国家叫“共和日”、“共和国日”、“革命日”、“解放日”、“国家复兴节”、“宪法日”等，还有直接以国名加上“日”的，如“澳大利亚日”、“巴基斯坦日”等。

69 重阳节是怎么来的

智慧问答

菊花会

重阳节的起源，最早可以追溯到春秋战国时期。屈原曾在其诗中写道："集重阳入帝宫兮"。可见战国时代重阳已受到人们的重视，但只是在皇宫中举行。

到了汉代，过重阳节的习俗开始盛行起来。相传汉高祖刘邦的爱妃戚夫人被吕后施以"缸"刑之后，她的宫女也多被遣散，其中一位侍女贾氏被逐出宫，嫁与贫民为妻。贾氏便把宫内重阳的习惯带到了民间。贾氏宣传说：在皇宫中，每年九月初九日，都要佩茱萸、食莲饵、饮菊花酒，以求长寿。于是重阳的风俗便在民间传开了。

菊开重阳

知识快车

你知道重阳节都有哪些风俗吗？

重阳节风俗多样，有登高、插茱萸、赏菊等，且以登高、插茱萸最为普遍。“登高”受人重视，特别受老年人重视的一个原因，是“高”有高寿的意思，人们认为“登高”可以长寿。所以我们把重阳节也称为“老人节”。在这一天，人们都向老人表示节日的祝福。古人认为佩戴茱萸，可以避邪去灾，所以重阳节也有佩茱萸的风俗。

重阳登高

超级链接

“重阳”由来

为什么叫重阳节呢？中国古代以“六”为阴数，“九”为阳数，九月初九日正好是两个阳数相重，所以人们把它叫做“重阳”，也叫做“重九”。

菊花

70 泼水节是怎么来的

智慧问答

傣乡风情

泼水节是傣族人民特有的节日。每逢此节，人们都会互相泼水，以表示真诚的祝福，而且，被泼的水越多，就表示他受到的祝福越多。

关于泼水节的来历，有许多的神话传说。最有影响的一则是：从前有一恶魔先后强占了七个姑娘。七个姑娘都天生丽质，聪明伶俐，她们决心为民除害。一天，她们把恶魔灌醉，将其勒死并砍下他的头。可谁知那恶魔的头无论扔到哪里，都会燃起烈火，并四处蔓延。于是，姑娘们便决定每人一年轮流抱着恶魔的头，以防止起火。就这样，每年换人的时候，人们都要给姑娘泼水，冲掉她身上的血污，洗去她一年的疲劳。从此相沿成习，就成了隆重的泼水节。

泼水节

知识快车

你了解傣族吗？

傣族是我国云南独有的少数民族之一，具有非常悠久的历史。它主要分布在云南省的西部和南部边疆，以西双版纳傣族自治州、德宏傣族景颇族自治州、耿马傣族佤族自治县、孟连傣族拉祜族佤族自治县为其主要聚居区，其他30多个县也有傣族人民的散居或杂居。傣族有自己的语言文字，创造了极其灿烂的民族文化，尤以傣历、孔雀舞和叙事长诗最为有名。

美丽的孔雀舞

超级链接

周总理在傣乡

周总理访问傣族之乡

1961年4月13日至15日，敬爱的周恩来总理来到美丽的孔雀之乡——西双版纳景洪，和边疆各族人民共同欢庆一年一度的傣历新年泼水节。周总理的到来使小城沸腾了，人们奔走相告，怀抱鲜花拥向周总理，用民族的最高礼节来迎接人民的好总理。四月的西双版纳正是凤凰花盛开的时节。火红的凤凰花树下，周总理兴致勃勃地换上傣族服装，手持银盆与当地人民互相泼水祝福。

从此以后，西双版纳景洪在全国乃至世界逐渐出名，现已成为闻名中外的旅游胜地。

71 火把节是怎么来的

智慧问答

熊熊火把

火把节是彝族人民特有的节日，在凉山彝族地区已经有很长的历史了。关于火把节的来历,说法很多,其中有一个传说最为大家所认同：相传彝族神话中的天神恩梯古兹特别残暴，常派手下到人间收取苛捐杂税,人民深受其害。于是,人们奋起反抗杀掉了恩梯古兹的手下。为了报复,恩梯古兹便把害虫放到人间来祸害庄稼。面对强大的天神，人们毫不畏惧，并且想出了一个好办法,他们点起火把把害虫全部烧死了，这天正好是农历六月二十四日。人们为了庆祝胜利,便把这天定为“火把节”。

欢乐火把节

知识快车

彝族之事了解多少？

彝族是我国西南地区的一个历史悠久的少数民族，主要分布在四川、云南、贵州三省及广西壮族自治区西北部，人口约有465万，主要从事农业，部分地区兼作牧业。彝族有自己的语言文字和历法。彝族人民能歌善舞，他们的音乐富有浓郁的民族风情。彝族还有极具民族特色的传统工艺美术，如：漆绘、刺绣、银饰、雕刻及绘画等。

彝族兄弟

超级链接

激情火把节

火把节的民俗形式

彝族人民在庆祝“火把节”的时候，会举行许多具有浓郁民族风情的活动。其中最主要的是白天在草地上进行斗牛、赛马、斗鸡、斗羊、赛歌、选美等活动，夜晚还要进行火把游行和篝火晚会。随着时代的发展，火把节在传统节日的基础上又增加了新的内容，使其更具有时代的特征。

72 十二生肖是怎么来的

智慧问答

十二生肖挂件

我国早在南北朝时期就开始用十二生肖纪年了。但是,有关十二生肖的来历,并没有确切的答案,人们比较认同的说法是:古时候,在我国的中原地区,人们最初是用甲、乙、丙、丁、戊、己、庚、辛、壬、癸 10 个天干符号和子、丑、寅、卯、辰、巳、午、未、申、酉、戌、亥 12 个地支符号相配合来纪年的;而我国西北地区的少数游牧民族则以动物来纪年。在后来的民族文化融合过程中,人们把两种纪年方法融合在一起,又选取了十二种动物,创造出了十二生肖纪年法,以子鼠、丑牛、寅虎、卯兔、辰龙、巳蛇、午马、未羊、申猴、酉鸡、戌狗、亥猪这样的顺序循环轮回,流传至今,成为古人留给我们的一份极具实用价值的宝贵遗产。

生肖小狗

知识快车

什么是本命年？

对于中国人来说，过“本命年”并不陌生。人们在过“本命年”时，一般都要穿红袜子、系红腰带。但是，你也许不知道，过“本命年”这一习俗是从契丹人庆祝始生演变而来的。

在辽代，人们已经使用十二生肖来纪年，每转一轮遇到出生生肖的这一年，人们就会举行仪式纪念自己的始生，以此报答母亲的生养之恩。因此，过“本命年”又称再生礼或复诞礼。如果是为皇帝庆祝，就在其“本命年”的前一年冬季，选择一个吉日举行再生之礼的仪式。然后，大臣们送上礼物表示祝贺，皇帝宴请群臣。有趣的是，“本命年”的礼物多是婴儿用品，以此表示对始生的祝福。后来，这一风俗传到了中原地区，并沿袭至今。

吉祥如意红腰带

超级链接

龙图腾

龙图腾

远古时代，人们出于对大自然的崇拜，华夏民族在长期的发展中，创造出了“龙”这种虚幻的神奇动物。在我国古代，皇帝被称为真龙天子；十二生肖里面也有龙的一席之地；自古以来，中国就被称为龙的故乡。龙的传说世代流传，龙早已渗透到中国社会生活的各个方面，凝聚和积淀成中华民族和中国文化的象征。“龙的传人”、“龙的子孙”更是让我们感到热血沸腾的称谓。但是，龙是否真的存在？龙的原型是什么？龙的概念是怎样形成的？这些问题一直困扰着人们，至今仍是一个未解之谜。

73 母亲节是怎么来的

智慧问答

妈妈辛苦了

母亲节是人们为了表达对母亲的尊敬而设立的,它最初来源于古希腊人对女神的崇拜。但那时,只是一种迷信活动。我们现在的母亲节,是由美国的安娜·贾维斯提议创立的。

母亲

据说,安娜·贾维斯的母亲,曾经希望有人创立一个母亲节来赞扬全世界的母亲。安娜·贾维斯的母亲死后,她为失去母亲感到格外悲痛,立志要为母亲实现她的愿望,创立母亲节,用来纪念世界上所有的母亲。因此她向社会发出呼吁,并获得各方面的热烈响应和支持。美国在1912年专门成立了母亲节国际协会;1914年,美国国会通过决议正式确定5月的第二个星期日为母亲节,随后便传遍了世界。

知识快车

你知道西方人怎样过母亲节吗？

母亲节这天，人们总会想尽办法让自己的母亲过得快乐，以感谢她们一年的辛勤劳动。孩子们一般都会赠送卡片和礼物给母亲，红色康乃馨是送给母亲最美的鲜花，但最珍贵的礼物莫过于把家务活全部包下来，让母亲过一个轻松的节日。而母亲已经去世的人则会佩戴白色石竹花，来表示对母亲的怀念和爱戴。

红色康乃馨

超级链接

天伦之乐

父亲节

父亲节也是由美国人创立的。据说，约翰·布鲁斯·多德夫人很小时就失去了母亲，父亲便每天起早贪黑，身兼双职，无微不至地关心着孩子们的成长，自己却过着俭朴的生活。这使多德切身体会到了父亲的善良与伟大。长大后，她觉得父亲的这种精神也应该得到表彰，并希望设立一个向所有父亲表达敬意的节日。她的倡议得到各方的强烈支持。1972 年，美国政府把每年 6 月的第三个星期日定为父亲节。

74 圣诞节是怎么来的

智慧问答

耶稣诞生

圣诞节，相传是基督教创始人耶稣诞生的日子，也是太阳神的生日。人们为了表达对耶稣和太阳神的崇拜和感谢，在每年的12月25日，都要举行各种庆祝活动，圣诞节由此而来。

圣诞快乐

圣诞节在信奉基督教的国家里很受重视，是一年中最盛大、最隆重的节日，就像中国的春节一样。圣诞节从12月24日开始，一直到次年的1月6日。在这期间，不但基督徒会举行隆重的纪念仪式，而且还会有全民性的狂欢活动。

知识快车

世界上真的有圣诞老人吗？

传说圣诞老人会在圣诞节前夜赶着驯鹿、拉着装满玩具和礼物的雪橇，挨家挨户给孩子送去礼物。当然这只是人们的想象，谁也没有真正见到过圣诞老人。但是据说圣诞老人的原型是确有其人的，那就是公元4世纪时的尼古拉。他是一位善良而又和蔼可亲的主教，经常热心地帮助别人。有一次，他悄悄地把一袋金子从窗户扔给一个贫穷的小女孩时，金子恰好掉进晾在壁炉上的一只长袜子里。于是，便形成了把圣诞礼物放在袜子里的习俗。人们还以尼古拉为原型，创造出了白胡子、白眉毛并身穿红外衣的慈祥的圣诞老人形象。

圣诞老人

超级链接

圣诞贺卡

圣诞卡的由来

1842年的圣诞节，英国的传教士蒲力治，把耶稣诞生图画在一张卡片上，并写上“祝您圣诞快乐，新年平安”，寄给了他在非洲的好朋友亨利爵士。亨利爵士看到后，认为这很有意义，就请伦敦皇家艺术学院的贺斯礼院士为他设计一种卡片，分别赠给他的亲人和朋友们。

后来，经过英国亲王权尔巴特的特别推广，人们开始用这种卡片来表达思念和祝福。贺卡便在世界各地流行起来，直到今天。

75 中药店为什么称为“堂”

智慧问答

中药

我国的中药店称为“堂”，最早出现于东汉末年。据说，我国著名的医学家张仲景，从小就被神医扁鹊治病救人的故事所感动，立志要做一个救死扶伤的好医生。于是，他从小就拜名医为师，刻苦学习医术。由于他的勤奋努力，最终学成了一手好医术。后来他做了长沙太守，但仍不忘自己的理想，常常在官衙的大堂上一边办公务，一边给老百姓看病开方子，并自称为“坐堂医生”。后来的许多医药店沿用了张仲景的做法，一边卖药一边给人看病，还把中药店称为“××堂”。后来这种叫法流传开了，直到现在人们仍然用这样的方法给药店起名字。

张仲景塑像

知识快车

什么是中药？

人们为把我国传统的医药与西方医药区别开来，于是就有了“中医”和“中药”这一叫法。具体地说，中药是指那些收载于中国历代本草典籍，用来防治疾病以及养生的一部分天然药物及其加工制成品。经过无数先人的努力和完善，中药已从东汉末年《神农本草经》所记载的 365 种，增加到了现在的《中药大辞典》收录的 5 767 种。

《中药大辞典》封面

超级链接

同仁堂

同仁堂是北京著名的老字号药店，迄今已有 300 多年的历史。从宁波到北京，从沿街叫卖到成为皇家贡药，从小小的“乐家药铺”到名扬四海的“同仁堂”，它走过了曲折而漫长的道路。同仁堂始终坚持“同修仁德、济世养生、治病救人、制药为民”的精神，继承中国优秀的传统文化，融会博大精深的古代中医药的精华，铸就了“同仁堂”这块辉煌长青的金字招牌，成为我国传统中医药的一面大旗。

北京同仁堂

76 大红双喜字是怎么来的

智慧问答

花烛之喜

在我国，结婚的时候都要在门窗上贴上大红的双喜字，以示喜庆。小朋友，你们知道大红喜字是怎么来的吗？

其实这一习俗，最早出现于北宋，据说与著名的文学家、政治家王安石有关。当年，年轻的王安石赴京赶考，路过一个叫马家镇的地方时，记下了一个姓马的财主为给他女儿招亲而出的上联：走马灯，灯马走，灯熄马停步。到了京城后，王安石用此联对上了考官出的“飞虎旗，旗虎飞，旗卷虎藏身”一联。

结婚之喜

赶考回来时又路过马家镇时，他用考官的联对上了财主出的上联，而迎娶马家的姑娘。结婚当天，又传来王安石高中的喜讯。当此双喜临门，王安石十分高兴，提笔在红纸上写下一个大大的双喜字贴在自家的大门上。人们看到后，争相效仿，遂成习俗，并流传至今。

知识快车

新娘的“红盖头”是怎么来的？

在我国一些地区，举行婚礼时，新娘头上要蒙一块绣着花朵或龙凤图案的大红绸缎，这就是人们所说的“红盖头”。红盖头是由妇女避风御寒用的盖头演变而来的。在我国南北朝时期的齐代，就出现了最早的盖头。到了唐朝初期，盖头演变成了一种能够从头披到肩的帷帽，当时的女子用它来遮羞。而唐明皇李隆基更是标新立异，命令宫女们在帷帽上再加上一块薄纱遮住面额，作为装饰。后来流传到民间，又几经改变，成为新娘在婚礼中戴的喜庆装饰——红盖头，而且人们还在上面绣上牡丹、龙凤图案，使其更加具有喜庆和吉祥的意味。

传统吉服

超级链接

西方人的婚礼

西方人结婚时，新娘都要穿白色的婚纱。这种婚纱最早来源于天主教的典礼服。在西方国家，白色象征着纯洁与坚贞。而且许多国家在古代都是政教合一的，因此，在结婚那天，新娘都要穿上白色典礼服，和新郎一起去教堂向神表示纯洁和真诚，然后接受神父的祈祷与祝福，才能成为合法夫妻。

婚纱

77 为什么称史书为“汗青”

智慧问答

“人生自古谁无死，留取丹心照汗青”是谁的诗句？

这是南宋爱国诗人文天祥的千古名句。

毛泽东手迹《过零丁洋》

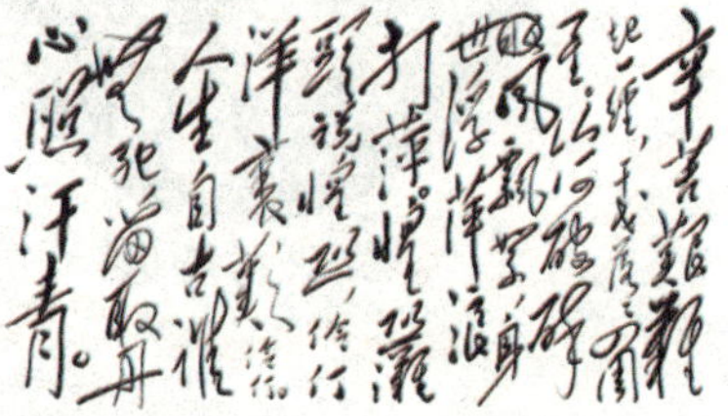

在我国，蔡伦发明造纸术之前，人们都是用竹简写字或记录事情，而且许多书籍也是用竹简制作出来的。竹简是用青竹做成的，由于青竹的表面非常光滑，好像涂了一层油似的，如果用墨汁直接在上面写字，就很难写上去。

后来，人们想了一个办法，把青竹放在火上烧烤一下，去掉里面的水分，这样制成竹简以后就很容易在上面写字了，而且不易被虫蛀，也易保存。青竹在被烧烤的时候，会像出汗一样渗出一些水分来。因此，人们就把用竹简编成的书籍叫做“汗青”。后来，人们又借用了唐代著名史学家刘知几说过的“头白可期，汗青无日”，把史册或史书称为“汗青”。

竹简

知识快车

你知道《过零丁洋》是怎样创作出来的吗?

文天祥,字宋瑞、履善,号文山,南宋末年的抗元英雄和著名诗人。当时,元朝攻打宋朝,文天祥起兵勤王,并以宋朝使者的身份前去与元人谈判,结果被扣留。脱险回到南方后,他卖掉家产招募勇士北上抗敌,又被俘虏监禁三年,但他仍坚贞不屈,最后英勇就义。他在狱中留下了传颂千古的《过零丁洋》一诗:

“辛苦遭逢起一经,干戈寥落四周星。山河破碎风飘絮,身世沉浮雨打萍。惶恐滩头说惶恐,零丁洋里叹零丁。人生自古谁无死,留取丹心照汗青。”

文天祥塑像

超级链接

《史记》今本

关于《史记》的介绍

《史记》是我国历史上第一部纪传体通史,是一部“究天人之际,通古今之变,成一家之言”的伟大著作,由西汉著名史学家、文学家司马迁所著。全书共52万字,130篇,包括十二本纪、三十世家、七十列传、八书、十表。记载了从黄帝到汉武帝之间3 000年的历史,真实而深刻地反映了那一阶段的政治、经济和文化面貌,对我国民族文化特别是历史学方面的研究具有极其重要的意义。

78 中国人为什么喜欢"8"

智慧问答

小葫芦

"8"就像一个可爱的小葫芦,是我们熟悉的阿拉伯数字之一。在中国人的日常生活中,大家都特别喜欢"8"这个数字:电话号码要选带8的,开业要选在有8的日子,价格定为88元等等。这是什么原因呢?

恭喜发财

"8",原本是香港同胞特别喜欢的数字,因为在香港,人们主要用粤语来交流,而在粤语中,"8"的发音和"发"谐音相近,所以就有了"发财"、"发达"、"八八发"这一说法。后来,这一风俗渐渐传入内地,"8"就成为中国人都喜欢的数字了。

知识快车

你知道中国人喜欢的吉利数字有哪些吗？

数字本来没有喜怒哀乐、吉凶祸福等含义，但是，随着时代的发展，在日常生活中，这些平常的符号却包含着不同的含义，比如，“6”、“8”、“9”等是吉利数字，“6”表示顺利，“8”有“发财”和“发达”的意思，“9”则意味着永久，表示幸福永久、爱情永久。人们在选电话号码、车牌号码的时候，都会偏爱含有这几个数字的号码。

数字

超级链接

阿拉伯数字的由来

古印度人创造的数字，大约在公元 7 世纪传到了阿拉伯地区。到 13 世纪时，意大利数学家斐波那契写出了《算盘书》，在这本书里，他对阿拉伯数字作了详细的介绍。后来，这些数字又从阿拉伯地区传到了欧洲，欧洲人只知道这些数字是从阿拉伯地区传入的，所以便把这些数字叫做阿拉伯数字。以后，这些数字又从欧洲传到世界各国。这些数字大约是 13~14 世纪传入我国的。

印度风情

79 为什么称京剧为“国粹”

智慧问答

巾帼英雄

京剧是由昆曲、梆子、汉调繁衍而来，因发祥地是北京而得名。

公元1790年，安徽四大地方戏班——三庆班、四喜班、春公班、和春班先后进京献艺大获成功，就是历史上的“徽班进京”。之后徽班常与来自湖北的汉调艺人合作演出，就形成了一种以徽调“二簧”和汉调“西皮”为主，兼收昆曲、秦腔、梆子等地方戏精华的新剧种——京剧。

打斗

经过200多年的发展，京剧在唱词、念白、字韵上越来越北京化，所使用的乐器也是中国传统的二胡、京胡。所以，京剧是中国的国粹，是中国古老艺术的代表，是中华艺术宝库中一颗璀璨的明珠。

知识快车

你知道京剧的角色分类吗?

人们根据所扮演人物的年龄、性别和性格的不同，把京剧角色分为生、旦、净、丑四大行当。“生”为男子，“老生”指成熟的中年男子；“小生”则指青年男子。“旦”为女子，“花旦”指青年小姑娘，一般为社会底层的女性，如“丫鬟”；“青衣”指中年妇女，一般指地位较高的贵族夫人、小姐；“武旦”指能打斗的女性。“净”指各类花脸，一般演性格品质或相貌有特异之处的男性。“丑”指小花脸，大多也是生活在社会底层的人，其中以民间义士等为多，人物性格机敏、滑稽。

京剧角色

超级链接

脸谱

脸　谱

看戏曲表演时，我们经常可以看到演员们的脸上画着五颜六色的脸谱。脸谱不仅好看，它还可以表示角色的性格和品质。例如：红脸表示忠勇，含有褒义；黑脸代表粗犷刚直，为中性；蓝脸和绿脸经常表示草莽英雄；黄脸和白脸代表奸诈阴险，含有贬义；金脸和银脸充满了神秘，是神妖的代表。这样，我们只要看到脸谱的颜色，就能大概知道戏曲中人物的性格了。

80 握手礼是怎么形成的

智慧问答

礼仪

握手是国际上最通用的礼节之一。陌生人初次见面或熟人久别重逢的时候，都会热情地握手致意，就连国家领导人在接见外宾的时候也是互相握手致意。在1910年的新年招待会上，美国总统罗斯福曾与8 513位来宾一一握手，创造了当时握手次数的最高记录。

握手

握手礼形成于“刀耕火种”的原始社会。那时的生产力水平很低，原始人只能以狩猎为生，为了抢夺有限的食物，部落之间经常发生战争，因此，人们手上经常拿着棍棒或石块等武器以防不测。在遇到陌生人时，如果大家都没有恶意，就会放下手中的武器，并互相伸出手掌让对方抚摸表示手中没有武器，从而表明自己是友好的。后来，这种形式逐渐演变成人们见面时的一种习惯动作，并发展成为一种交际礼节——握手礼。

知识快车

你知道西方人的"吻"礼吗?

吻,是西方较为流行的礼节。据说,吻最初是从古罗马帝国开始的。当时,古罗马帝国是不允许妇女喝酒的,但是有些妇女并不遵守这一法令，她们常常在丈夫外出后偷着喝酒。因此,她们的丈夫从外面回来后，就会凑到妻子的腮边闻一闻有没有酒味。如果妻子没有酒味，丈夫就会顺便亲昵地在脸上吻一下。后来,吻便成为一种习惯，成为夫妻和恋人甚至朋友间见面时的礼节。

沟 通

超级链接　各国礼节

日本礼节

礼节是受很多因素影响的。民族性格和风俗习惯不同,礼节也就不同。西方人较开放,在美国、英国等西方国家,拥抱和亲吻礼节比较流行,熟人见面多用这两种礼节。其他如握手礼，一般在新结识朋友时才用。而东方人受儒家思想的影响较深,性格大多含蓄。因此,在中国、日本等这些国家,握手礼非常普遍和盛行。在印度、缅甸、马来西亚等国家,握手必须用右手,不然对方会认为你在侮辱他;在日本,初次见面的人,要先相互鞠躬并交换名片再握手；最特别的见面礼节要属津巴布韦的一个民族了,双方都要躺在地上,先打个滚,还要有节奏地敲打对方的臀部来表示友好。

81 厨师为什么要戴白帽子

智慧问答

小小厨师

厨师在烹饪的时候都戴着高高的白帽子，看起来很卫生、很精神。这种帽子的由来还和战争有关呢！

据说，在中世纪的欧洲，经常发生战争，入侵者烧杀抢掠，无恶不作。但是，他们一般都不会侵犯修道院，因此老百姓大多逃到那里避难。有一次几个著名的厨师也逃到修道院避难，他们还换上了修道士的黑衣黑帽，以防被人认出。为了感谢修道士对自己的帮助，他们做了许多可口的饭菜送给修道士。后来，他们为了把自己与修道士区分开，便改戴高高的白帽子。战争结束后，他们回到原来工作的地方，仍然戴着这种帽子工作。其他厨师看到这种帽子又卫生又好看，便纷纷效仿。从此，高高的白帽子慢慢地成为厨师的标志，并风靡全世界。

烹饪

知识快车

你知道中国的四大菜系吗？

我国有着独具特色的烹饪技艺和饮食口味，其中以川菜、鲁菜、苏菜和粤菜最为著名，合称为“中国四大菜系”。川菜形成和发展于四川，名列四大菜系之首，口味以麻辣为主，代表菜有麻婆豆腐、鱼香肉丝等；鲁菜发源于山东，口味清爽脆嫩，鲜咸适口，汤味醇正，代表菜有葱烧海参、油爆鸡丁等；苏菜源于江苏，口味清鲜而略带甜味，代表菜有松鼠鳜鱼、梁溪脆鳝等；粤菜源于广东，口味清、爽、淡、香、酥，代表菜有烧乳猪、白云猪手等。

鱼香肉丝

超级链接

丰盛的宴席

满汉全席

满汉全席始于清朝中期，是具有浓郁民族特色的中华盛宴。它汇集满族和汉族菜的精华，用料精细，菜式精美，形成了独特的风格。满汉全席原是满人和汉人合作的宴席，一般科举考试结束后地方官吏宴请主考官的时候才用。因满汉全席的菜极其丰盛而精细，而且入席时大小官员都是身着朝服就座，因此，特别讲究礼仪。开席之前首先要奏乐、鸣炮、行礼恭迎宾客入座。满汉全席上菜分头菜、冷菜、炒菜、甜菜、点心和水果等，共 108 种，要分 3 天时间吃完。

82 诺贝尔奖是怎么来的

智慧问答

诺贝尔

诺贝尔奖是用瑞典大发明家艾阿弗雷德·贝恩哈德·诺贝尔的遗产建立的奖金。

诺贝尔，1833年10月21日生于瑞典的斯德哥尔摩，于1867年发明了硝化甘油烈性炸药。他先后在很多国家从事爆炸技术和合成物质的研究，一生共获得355项发明专利权，从而获得了一大笔财产。1896年12月10日，诺贝尔在意大利病逝。根据诺贝尔的遗嘱，人们将他遗产的一部分共920万美元作为基金存入银行，用每年的利息(约20万美元)奖励给在物理、化学、生理学或医学、文学以及在和平事业等方面对人类有突出贡献的人（后来又增设了经济学奖)，而且获奖者不论国籍和性别。诺贝尔奖包括一枚金质奖章、一张奖状和一笔奖金。

诺贝尔奖章

知识快车

你了解诺贝尔奖颁发程序吗？

颁诺贝尔奖

每年颁发诺贝尔奖的时候，按惯例，物理、化学和经济学三种奖由瑞典皇家科学院颁发；生理学或医学奖由斯德哥尔摩加罗林医学外科学研究院颁发；文学奖由瑞典文学院颁发；和平奖则由挪威议会颁发。每个授奖单位设有一个5人组成的诺贝尔奖委员会，负责评选工作。诺贝尔奖的候选对象，由世界各国的科学院、大学和前获奖者推荐。

超级链接 华人诺贝尔奖获得者

诺贝尔奖自1901年开始颁发以来，已有多位华人获诺贝尔科学奖，如李政道、杨振宁、丁肇中、李远哲、朱棣文、崔琦。

李政道教授

1957年，李政道和杨振宁发现宇称原理的破坏，而被授予诺贝尔物理学奖。1976年，丁肇中因发现一类新的基本粒子而获得诺贝尔物理学奖。1986年，李远哲因发明了交叉分子束方法，使详细了解化学反应的过程成为可能而获得诺贝尔化学奖。1997年，朱棣文发明了用激光冷却和俘获原子的方法，荣获诺贝尔物理学奖。1998年，崔琦与德国的霍斯特·斯托尔默和美国的罗伯特·劳克林因在量子物理学研究作出的重大贡献而获诺贝尔物理学奖。

83 “唐人街”是怎么来的

智慧问答

中国龙

在东南亚、美洲以及欧洲的许多国家里，有许多华人、华侨聚居的街道或地区，被称为唐人街，又叫中国城。那么，这些“唐人街”是怎么来的呢？

自唐代开始，便有中国人到海外谋生，但当时并没有形成规模。到了明代，由于郑和下西洋的壮举，加强了中国同海外各国的交流与往来，更多中国人便漂洋过海到其他国家，靠从事开荒种地、修建铁路等繁重的工作谋生。由于大家都人生地不熟，而且与当地人语言不通，为了沟通信息、有所依靠，华人便聚居在一起，互助互济。后来，聚居地的华人越来越多，他们在当地开设了中国餐馆、华人学校和有中国特色的中药铺，还兴办中文报刊，建起各种宗庙会馆等等，世代在此生息繁衍，逐渐就形成了一定规模的中国城，被称为“唐人街”。

侨乡风光

知识快车

华人为什么称自己是“唐人”？

“唐人”这一称呼，与我国古代的大唐盛世有密切的关系。1 300 多年前，唐王朝是世界上最发达的国家，因其繁盛的经济、先进的文化、独特的艺术而在国际上享有极高的声誉。因此，“唐”就成了中国的代名词，许多东西都被冠以“唐”字，如称中国字为“唐字”，称中国船舶为“唐舶”等。许多旅居海外多年的老华侨及其子孙就都称自己是“唐人”了。

中式建筑

超级链接

唐人街

遍布世界的唐人街

据资料统计，现在全世界颇具规模的唐人街约有 60 个之多，其中比较著名的有美国的旧金山、纽约、芝加哥、华盛顿、洛杉矶，法国的巴黎，英国的伦敦、利物浦、曼彻斯特，印尼的雅加达、棉兰，泰国的曼谷，澳大利亚的悉尼、墨尔本等地的唐人街。

84 奥运会是怎么来的

智慧问答

奥运场馆

奥林匹克运动会(Olympic Games)起源于古希腊的奥林匹亚村。公元前884年,希腊的伊利斯城和斯巴达城发生了一场战争,战争的焦点就是争夺奥林匹亚。频繁而没有休止的战争使人们感到无比的厌倦,他们渴望和平安定的生活。后来交战双方经过协调订立了神圣条约,规定奥林匹亚是神圣不可侵犯的,并将其作为和平的圣地和竞技的场所。在特定的历史条件下,战争与和平这一对矛盾,就由体育竞技活动暂时统一了起来。

舞动的北京

此外,古希腊在婚丧、收获时期,常常举行庆典活动,祭奠万神之首宙斯。在庆典活动中,要举行诗歌朗诵、歌舞表演以及体育竞技,这也是古奥运会形成的重要原因之一。

知识快车

奥运会会旗是什么样的？

奥运会会旗的底色为纯白色，幅面中央是由五个圆环排成两行的图案。蓝环代表欧洲，黄环代表亚洲，黑环代表非洲，草绿环代表澳洲，红环代表美洲。标志着五大洲和全世界的运动员在奥运会上相聚一堂，充分体现了奥林匹克主义的内容和主题。

北京接旗

超级链接

现代奥运创始人——顾拜旦

顾拜旦

顾拜旦，法国人，1863 年 1 月 1 日出生于巴黎的一个贵族家庭。1883 年，顾拜旦第一次提出举办类似古奥运会的比赛，但不是简单的继承，因为他想把奥运会的范围扩大到全世界。

1892 年，顾拜旦遍访欧洲诸国，宣传奥林匹克理想。1893 年，为了恢复奥运会，他在巴黎召开了第一次国际体育会议。1894 年 1 月，顾拜旦再次在巴黎召开了国际体育会议。会议决定成立有 12 个成员国组成的国际奥林匹克委员会，并选出希腊诗人泽·维凯拉斯为委员会主席，顾拜旦任委员会秘书长。会议还作出决定，将于 1896 年在希腊首都雅典举行第一届现代奥林匹克运动会。

85 世界上有多少个民族

智慧问答

民族文化

我国有56个民族，是一个多民族的国家。但与全世界的民族数量比起来，也仅仅是小巫见大巫。据粗略统计，世界上大约有2 000多个民族，其中，亚洲就有1 000多个，占世界民族总数的一半以上。这样算来，中国的民族数只不过是世界民族总数的2.8%。

民族大团结

知识快车

你知道世界上民族最多的国家是哪一个吗？

世界上民族最多的国家是尼日利亚，它虽然只是一个仅有8 000多万人口的小国，但却有250个民族。在亚洲，拥有50个民族以上的国家有中国、菲律宾、印度、印度尼西亚等，其中，印度尼西亚以150多个民族成为亚洲民族最多的国家。另外，世界上还有少数单一民族的国家，约有20多个，例如亚洲的日本和朝鲜。

尼日利亚风光

超级链接

马克思

犹太民族

犹太民族是世界上最优秀的民族之一，也是世界上凝聚力最强的民族之一，迄今已有两三千年的历史了。犹太民族在遭遇流离失所、四分五裂，又历经被杀戮、被歧视的不幸之后，不但没有灭亡，还建立了自己的国家——以色列，并对世界文明作出了卓越的贡献。爱因斯坦、马克思、毕加索、洛克菲勒等这些我们熟悉的伟大人物都是犹太人；全世界的诺贝尔奖获得者约有一半是犹太人；犹太人口仅占世界人口总数的0.3%，却掌握着世界经济的命脉，是目前世界上最富有的民族之一。

86 鸽子为什么象征和平

智慧问答

橄榄枝

据《圣经》上记载，上古洪水之后，诺亚方舟上飞出一只鸽子，去看洪水是否已退。鸽子衔回了一枚橄榄枝，表示洪水退尽。当然，这只是传说。真正把鸽子作为和平象征得到世界的公认，还是从毕加索开始的。

和平鸽

1940年，德国法西斯攻占了法国首都巴黎，人民处在水深火热之中。当时，毕加索亲眼目睹了法西斯的残暴和惨无人道之后，怀着悲愤的心情，挥笔画出了一只飞翔的鸽子，即为和平鸽雏形。1950年11月，为纪念社会主义国家在华沙召开的世界和平大会，毕加索又欣然挥笔画出了一只口衔橄榄枝、昂首飞翔的鸽子，并被智利著名诗人聂鲁达称为“和平鸽”。从此，鸽子和橄榄枝就被公认为和平的使者，成为了和平的象征。

知识快车

珙桐为什么又叫"鸽子树"呢？

原来珙桐的花就像是一只长着"眼睛"和"嘴巴"的鸽子脑袋，花的底部有两片又大又洁白的苞片，像是白鸽的一对翅膀。珙桐开花时，就好像许多只鸽子栖息在树梢上，振翅欲飞一样。所以，人们又把珙桐称为"鸽子树"。

珙桐开花

超级链接

飞鸽传书

信鸽

鸽子是一种奇异的鸟，它的头部有一块具有磁性的组织，叫做磁石，它使鸽子具有惊人的导航能力，所以鸽子不仅能通过太阳确定方向，还可以根据地球磁场确定飞行方向。因此，即使远行至千里之外，鸽子依然能顺利返回。

由于鸽子有导航的特异功能，自古以来，就被广泛地用于通信。我国是世界上使用信鸽最早的国家之一，自古就有"飞鸽传书"的说法。

87 过生日为什么要吹蜡烛

智慧问答

过生日

小朋友们过生日的时候，爸爸妈妈都会买来一个生日蛋糕，并插上与你们年龄数相等的蜡烛，让小朋友许愿后一口气吹灭蜡烛，然后再和大家共同分享蛋糕。那么你们知道过生日时为什么要吹蜡烛吗？

吹蜡烛

原来，这一习俗最早出现在古希腊。古希腊人为了表达对月亮女神阿耳特弥斯的崇敬之情，每年在她生日的那天，都会用面粉和蜂蜜做成香甜的蛋糕，摆放在圣坛上，并在蛋糕上插满点燃的蜡烛。后来，古希腊人在庆祝孩子的生日时，也增加了吹蜡烛的内容。他们认为，燃烧的蜡烛具有某种神秘的力量，如果过生日的人在心中默许下心愿，并能一口气吹灭所有的蜡烛，他的愿望就能实现。所以这个习俗一直沿袭至今。

知识快车

你知道中国人过生日的传统方式吗？

在我国民间，人们在过生日的时候，有吃煮鸡蛋和长寿面的习俗。这个习俗起源于西汉时期，在此之前，人们都以为脸长得越长寿命也就越长，但后来被东方朔幽默地揭穿这是不可能的。人们就想了一个变通的办法来表达自己长寿的愿望。因古时“脸即是面”，所以人们就在生日那天吃长长的面条，也就是今天的长寿面，意思就是希望过生日的人能够长寿。

长寿面

超级链接

生日蛋糕

生日蛋糕

古时候的生日蛋糕只会出现在国王、等级地位较高的贵族或者是其他重要人物的生日上。普通人，尤其是小孩儿是不能用蛋糕庆祝生日的。后来，随着时代的变化，蛋糕已成为庆祝生日的必备品，也成为世界各地的一种传统，无论老少贫富都是如此。

88 阿拉伯妇女为何戴面纱

智慧问答

穆斯林礼拜

阿拉伯妇女戴面纱的习惯，可以追溯到几千年前。那个时候，阿拉伯人主要以放牧为生，妇女们为了抵挡强大的风沙，所以在放牧的时候，就用黑纱把面部遮起来，起到保护面部的作用。这就是面纱的雏形。后来，由于受到伊斯兰教的影响，戴面纱逐渐蒙上了宗教的色彩。伊斯兰教教规认为，妇女的身体被陌生人看到是不吉利的，妇女必须把全身上下遮住，这样也是对自己的一种爱护。在这种思想约束下，阿拉伯妇女一生都与黑纱为伴，甚至有些人把黑纱看做自己身体的一部分。时至今日，阿拉伯妇女仍然保留着这种风俗。

阿拉伯妇女

知识快车

你知道信奉伊斯兰教的阿拉伯人的交往礼节吗？

在信奉伊斯兰教的阿拉伯国家，各国的开放程度不同，男女的界限也有所不同。那里的妇女都蒙着面纱，一般不愿同陌生的男子接触；有些国家教规严格，男子不得与妇女握手。即使外国女子主动伸手，当地的男子也不能握手。因此，我们只有了解了各个国家、地区的习俗，才能更好地与其交往。

面纱遮颜

沙特阿拉伯

沙特阿拉伯王国的面积为 225 万平方千米，是阿拉伯半岛上面积最大、人口最多的国家。

沙特阿拉伯王国拥有世界上已知的最大的石油储备，被人们称为“世界的石油储备库”。石油是沙特阿拉伯王国国民经济的命脉和支柱产业。沙特阿拉伯王国虽然是“富得流油的国家”，但却严重缺水。在那里，真是“滴水贵如油”，人们判断一个家庭是否富有，不是看有没有车和洋房，而是看他家门前种了多少棵树，种的树越多，就表示越富有。

超级链接

沙特油田

89 星期制度是怎么来的

智慧问答

日历

现在世界通用的星期制度最早是由君士坦丁大帝制定的。他在公元 321 年 3 月 7 日正式宣布 7 天为一周，这个制度一直沿用至今。

一周七天的名称最早起源于古巴比伦。公元前 7 至公元前 6 世纪，巴比伦人便有了星期制。他们把一个月分为 4 周，每周有 7 天，即一个星期。古巴比伦人创立的星期制，首先传到希腊、古罗马等地，古罗马人将其命名为：太阳神日、月亮神日、火星神日、水星神日、木星神日、金星神日和土星神日。这些名称传到不列颠后，慢慢演化形成了今天英语中的一周七天的名称：Sunday、Monday、Tuesday、Wednesday、Thursday、Friday 和 Saturday。

礼拜

知识快车

为什么以数字"7"定为星期的天数呢？

满月初升

古时候，人类对月亮的圆缺倍感神秘。人们经过长期观察与研究发现由半圆月至满月，时间为7天；由圆月至半圆月，时间也是7天；由半圆月至消失，时间还是为7天；由消失至半圆月，仍是7天。7天也是月亮盈亏的周期。所以人们选择"7"作为一个星期的天数。

超级链接

要休息啦

休息日

在19世纪60年代英国工业革命初期，工人每周要工作6天，每天工作10小时。到20世纪初，美国的工人每周仍要工作60小时。直到1935年，西方大多数发达国家才规定，一周工作5天，每天8小时。

新中国成立时的工作时间，依照的是西方20世纪初的标准。1995年5月1日，实行了双休日；1999年，国务院又颁布了年假休假办法，把春节、"五一"、"十一"假期延至7天，于是就出现了"黄金周"。

90 维也纳为何是音乐之都

智慧问答

音乐之都

维也纳是一座历史悠久、风景如画的世界名城。自18世纪以来，在这片神奇的土地上诞生了大量世界闻名的音乐家，如莫扎特、海顿、贝多芬、舒伯特等，他们都曾在这里生活并创作出了大量不朽的音乐作品。

维也纳城有众多的歌剧院、音乐厅和剧场，每天都有许多经典之作在这里上演；维也纳的街头巷尾，到处飘扬着优美的音乐。在维也纳的金色大厅里，除了经常演奏音乐大师们的著名作品外，一年一度的“新年音乐会”更是全世界瞩目的焦点。这里不但激发了艺术家的灵感，也陶冶了大众的性情，浪漫的维也纳人无论在什么场合，都喜欢演奏一曲。因此，“音乐之都”的美誉维也纳当之无愧。

维也纳风光

知识快车

维也纳新年音乐会安排在什么时间？

每年的1月1日上午，富丽堂皇的维也纳金色大厅被鲜花装点得分外美丽，在全世界人民的共同瞩目下，维也纳新年音乐会正式开始。全世界许多家电视台和电台都会对其进行现场直播，因此有数以亿计的听众。维也纳新年音乐会以高雅豪华和轻松热烈的气氛，让人们在轻松美妙的音乐中，迎接新的一年。

金色大厅

超级链接

水上圣殿

维也纳音乐厅

维也纳音乐厅是维也纳最古老，同时也是最现代化的音乐厅，是每年举办“维也纳新年音乐会”的指定场所。维也纳音乐厅从1867年开始建造，历时两年建成。它采用意大利文艺复兴时期的建筑形式，红黄相间的外墙，屋顶上竖立着许多音乐女神的雕像，看起来典雅而别致。

91 降半旗致哀是怎么来的

智慧问答

建国以来联合国为我国哪些领导人逝世降了半旗？

共有周恩来、朱德、毛泽东、宋庆龄和邓小平五位。

周恩来总理

降半旗致哀

国际上的一些重要人物逝世之后，联合国或其所在的国家会降半旗致哀。降半旗是一种向去世的人表示哀悼的重大礼节，这种礼节最早出现在英国的海上航行中。

1612年，英国的“哈兹·伊斯”号航船在北美北海岸开辟新航道时，船长发生了意外，不幸葬身海底。船员们都非常悲痛，他们改变了人们通常用升黑旗致哀的方式，采用降半旗的方式来表达对船长的敬意和哀悼。这种庄重的方式很快被其他船只采用，并渐渐流传到了陆地上。后来英国首先采用这种方式来哀悼国家元首的逝世，世界各国也纷纷效仿。降半旗就逐渐演变成各国对首脑和重要人物逝世后表示哀悼的方式。

知识快车

联合国为什么要为周恩来总理降半旗？

联合国降半旗

当时的联合国秘书长瓦尔德海姆是这样说的："为了悼念周恩来，联合国降半旗，这是我决定的，原因有二：一是，中国是一个文明古国，她的金银财宝多得不计其数，她使用的人民币多得我们数都数不过来。可是她的周总理没有一分钱存款！二是，中国有10亿人口，占世界人口的四分之一，可是她的周总理没有一个孩子。你们任何国家的元首，如果能做到其中一条，他逝世之日，总部将照样为他降半旗。"

简短的几句话反映了周恩来总理举世无双的高尚品格。

超级链接

降半旗的事件

美国降半旗

在世界上，为普通民众的死亡而降半旗的事也不少见。美国"哥伦比亚号"发生事故后，美国降了半旗；"9·11"事件，美国也降了半旗；2001年，秘鲁发生了烟花爆竹爆炸，政府为众多死亡的人降了半旗；巴厘岛发生爆炸后，澳大利亚降了半旗；德国高速列车发生出轨事故，全国都降半旗致哀；发生别斯兰恐怖事件后，俄罗斯降了半旗；西班牙发生"3·11"爆炸事件时，欧洲国家都降了半旗……

这些为普通公民的死亡而降半旗的行为，不但显示了政府对生命的尊重，也显示了政府的人道主义。

92 信用卡是怎么产生的

智慧问答

招商银行信用卡

信用卡是代表持卡人经济信用可靠程度的信用凭证。有了它，人们购物、外出旅行都无需携带大量现金，只要将卡在POS（刷卡机）上轻轻一划，就可以通过电脑网络与银行系统进行结账。这种快捷、方便的信用工具，产生于50多年前的美国。

当时，有一位叫拉尔夫·夏德尔的富商在一家高级餐厅里宴请朋友。当结账时，他突然发现钱包被盗了，这使他非常尴尬难堪。幸好夏德尔认识该餐厅的经理，破例让他签名记账，才没有使他在贵宾面前失礼。为了避免这种事情再次发生，夏德尔成立了世界上第一个使用信用卡付款的组织——“晚餐俱乐部”。信用卡由于方便、快捷而很快大受人们的欢迎，持卡者不断增加，并且应用范围也越来越广。美洲银行在1958年发行了美洲银行信用卡，这是世界上最早的银行信用卡。从此，信用卡消费就成为人们重要的消费方式之一。

各种信用卡

知识快车

为什么可以用信用卡购物?

这是因为银行在商店内设立了信用卡服务器,消费者购物消费时,只要将信用卡插入销售点的电脑终端系统,输入密码就可以完成。由于销售点终端系统是与银行计算机网络系统联网的,它可以迅速确认信用卡的合法性、有效性和密码的正确性。然后,银行就会将消费金额从客户银行账户中扣除,并转入商业机构银行账户内,完成电子付款业务。

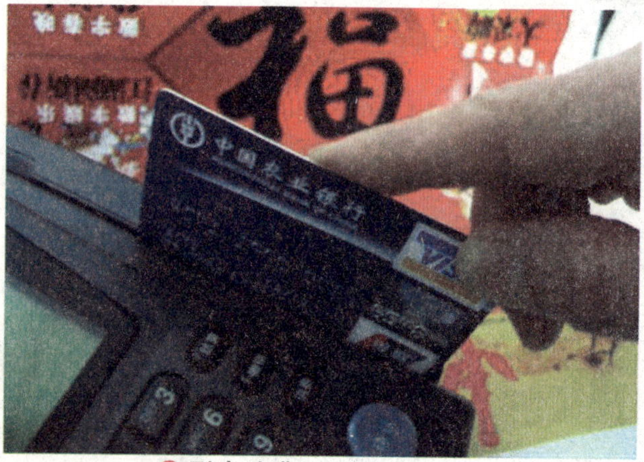

刷卡消费

超级链接

早期信用卡

最早发行信用卡的机构并不是银行,而是一些百货商店、餐饮娱乐业和汽油公司。为了招徕顾客,推销商品,这些商店有选择地发给一些顾客一种类似金属徽章的筹码作为消费凭证,顾客可以在这些发行筹码的商店及其分公司赊购商品,分期付款。这就是信用卡的雏形。

筹码

93 铅笔上的H、B表示什么

智慧问答

HB铅笔

从我们背上书包的那一天起，就和铅笔打上了交道。每天，我们用它写字、画画，可以说铅笔是我们学习的好帮手和好伙伴。你知道铅笔杆上的H、B表示什么吗？

我的好伙伴

其实，铅笔上的"H"是英文"hard"(硬)的头一个字母，它前面的数字越大，就表示铅芯越硬，6H是最硬的，笔痕浅而细，是制图的好工具。"B"是英文"black"(黑)的头一个字母，代表石墨的成分，表示铅芯软和黑的程度，它前面的数字越大，就表示铅芯越软越黑，最软最黑的是6B铅笔。小朋友常用的铅笔大多数都是HB，它不太黑，也不太浅，且软硬适中。

知识快车

咬铅笔杆是好习惯吗？

有的小朋友在思考问题的时候，总是喜欢咬铅笔杆，这可不是一个好习惯，会影响身体健康的。铅笔芯虽是没有毒的，可是，铅笔杆上刷有各种颜色的油漆，油漆里面所含的铅对人体是有害的。而小朋友们在咬铅笔杆的时候，铅就会进入到身体里，长此以往，就会造成铅中毒。所以，千万不能咬铅笔杆。

写作业

超级链接

带橡皮的铅笔

带橡皮的铅笔

许多铅笔上都装有小小的橡皮头，这得归功于两位聪明的日本小朋友！他们觉得写错字时再找橡皮很不方便，于是就用橡皮带把橡皮绑在铅笔杆上，既节省时间又方便。这事让铅笔厂的老板知道了，他马上把这个方法应用到生产中，生产出了带橡皮的铅笔。

94 红十字协会是怎么来的

智慧问答

白衣天使

红十字协会是一个国际性的志愿救护救济团体,它的创立与瑞士银行家亨利·杜南的努力是分不开的。亨利·杜南在目睹了尸横遍野、血流成河的战争场面后,呼吁世界各国成立自愿救护委员会,缔结国际协议。1836年10月,16个国家和慈善组织的代表在日内瓦召开会议,决定建立国际红十字委员会。1864年,在日内瓦签订了国际红十字会公约,国际红十字协会正式成立。

红十字协会

国际红十字协会诞生至今已有100多年了,它一直致力于世界和平与人道主义事业,在全世界积极开展战地救护、输血急救和护理、自然灾害救济、社会福利救助以及儿童福利事业等工作,为世界和平及人类健康作出了巨大的贡献。

知识快车

你知道"红十字"是什么样的吗？

红十字

红十字标志通常是由五个大小相等的红色正方形拼合而成的。因为国际红十字的规章，对红十字标志本身的大小、比例并没有严格的规定，只说明两条红色长方条成垂直相交，中心至各端的长短相等就行了。所以我们见到的红十字标志，因地而异，规格都不统一。

超级链接

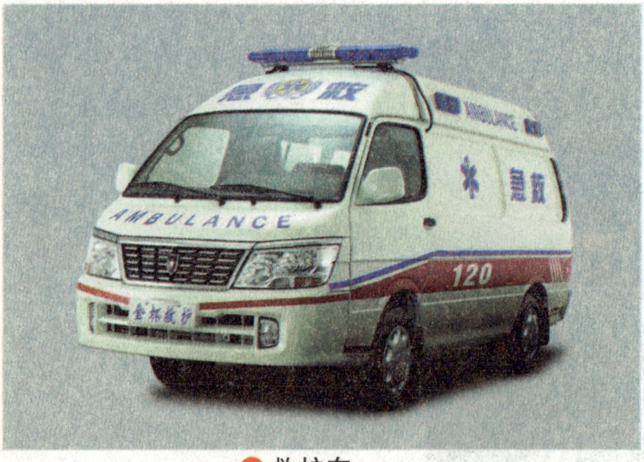

救护车

救护车装备

美国政府制定了联邦标准作为救护车建设的规范，符合这些规范的车辆可以获得"生命之星"徽章。BLS救护车上的设备可供EMT-B救护人员使用。ALS救护车上有为EMT-P或其他可以使用药物治疗和高级医疗手段的救护人员提供的装备。

95 交通灯为何是红黄绿色

智慧问答

您能告诉我交通灯的红、黄、绿都代表什么吗？

红灯代表停止，黄灯代表慢行，绿灯代表可以通行。

交通灯

人们经过观察与研究发现，红、绿、黄是能够很快传导到人类大脑的颜色。为了使大家能够很快作出判断，交通灯便采用了红、黄、绿三种颜色。当司机和行人看到这几种颜色时，就会立即被体内一种叫做“感觉感受器”的部分接收，并按照“脊髓”、“视床下部”、“大脑皮层”的顺序，一层层地传导。传导到大脑之后，“红灯停”这样的命令就从大脑传达到肌肉组织。传导速度最快的是红色，接下来是黄色，第三位是绿色。看到了信号灯的颜色大脑就能立刻分辨出来，这样可以起到保证交通安全的作用。

指挥交通

知识快车

交通灯为什么用红色表示“停”？

用红色表示停，这跟光的散射现象有关。因为波长越短的光，越容易散射，散射后，光束会变得散乱、模糊。而在可见光中，红光的波长最长，是最不容易产生散射现象的，即使在远处也能看清。所以就采用红色来作为“停”的讯号。

红灯停

超级链接

煤气信号灯

1868年12月10日，信号灯家族的第一个成员在伦敦议会大厦的广场上诞生了，是一盏红、绿两色的煤气交通信号灯。不幸的是只面世23天，这盏煤气灯就突然爆炸自灭，使一位正在值勤的交警也因此断送了性命。从此，煤气交通信号灯被取缔了。

交通信号灯

96 理发店前的灯柱为何意

智慧问答

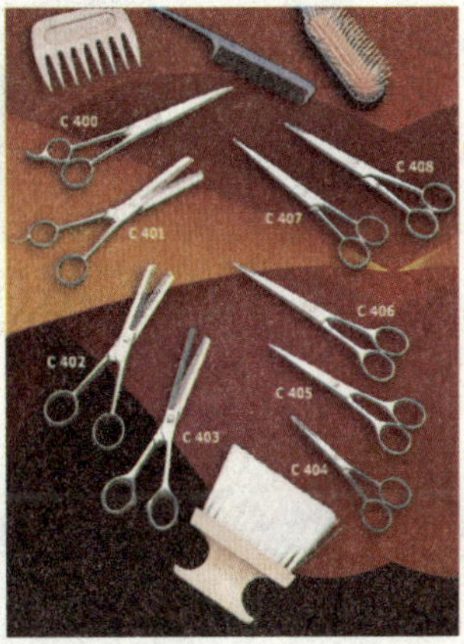
理发用具

三色灯柱

由红、白、蓝组成的三色灯柱是国际公认的理发行业的标志。其中，红色代表着血液和动脉；白色表示纱布和绷带；而蓝色则代表着静脉。以前，欧洲的理发师同时还兼任着外科医生的职务，三色灯柱这个独特的招牌就成为他们行医和理发的标志。虽然后来随着医学的进步，理发师和外科医生各自独立成一个职业，可三色灯柱却流传了下来，被理发界沿用至今。

知识快车

“理发”一词由何而来？

剃头挑子

古时候，我国是没有“理发”这个词的，而且各个朝代对头发的清洁卫生处理方法不同，所以就有不同的称呼：明代叫“篦头”，清代叫“剃头”，还有的叫“剪头”、“推头”等。辛亥革命以后，许多在日本的中国理发师纷纷回国开设了新式的理发店。由此“理发”一词也逐渐推广延用起来。

超级链接

理发店对联

这是清末一家理发店门上贴的一幅对联，生动形象，豪气勃发：

握一双拳，打尽天下英雄，谁敢还手？

持三尺铁，削平大清世界，无不低头。

现代理发馆

97 汽油的标号是怎么回事

智慧问答

目前市场上的汽油有 90#、93#、95#、97# 等标号，这些数字代表汽油的辛烷值，也就是代表汽油的抗爆性，与汽油的清洁无关。所谓“高标号汽油更清洁”纯属误导。燃油标号越高，油的燃烧速度就越慢，燃烧爆震就越低；反之，低标号燃油的燃烧速度较快，燃烧爆震大，其燃用后发动机压缩比较低。

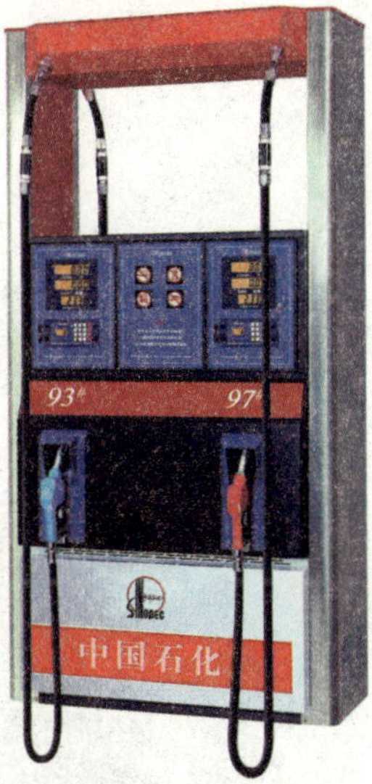

加油机

油库

燃油的标号还涉及到发动机点火正时的问题。低标号汽油燃烧速度快，点火时间要滞后；高标号燃油燃烧速度慢，点火时间要提前。例如一台发动机按照说明书要求应加 93 号汽油，现在加了 90 号汽油，可能会造成发动机启动困难。所以“高标号汽油更清洁”的说法并不科学。

知识快车

你知道石油都可以提炼哪些产品吗?

石油可提炼:石油燃料、石油溶剂与化工原料、润滑剂、石蜡、石油沥青、石油焦等6类产品。

石蜡

超级链接

汽车尾气污染

尾气污染

目前,汽车尾气中的主要污染物有一氧化碳、未燃烧的碳氢化合物、氮的氧化物、含铅化合物和烟尘等。为了减少汽车尾气对空气的污染,我国在燃料使用和汽车制造技术方面已采取了一些措施,如:改进发动机的燃烧方式,以使汽油能充分燃烧;使用催化净化装置,使有害气体转化为无害气体;使用无铅汽油,禁止含铅物质排放。同时,在管理上,加大检测尾气的力度,严禁没达到环保标准的汽车上路。

98 怎样识别真假人民币

智慧问答

大家知道，人民币也有假的，那么我们怎样来识别人民币的真伪呢？

要识别人民币的真假，通常用“一看、二摸、三听、四测”的方法。以第五套人民币纸币为例，对着光看，100 元、50 元的固定水印是毛泽东头像的图案，20 元、10 元、5 元的固定水印则分别为荷花、月季和水仙花图案；人像、盲文点等处摸起来有凹凸感；用力抖动或手指轻弹时能听到清脆的响声；还可以借助一些简单工具如验钞机来分辨人民币的真假。

第五套人民币

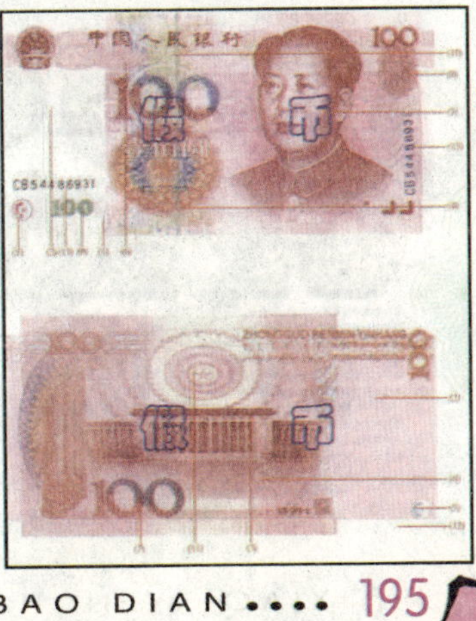
假人民币

知识快车

人民币上的小黑点是什么？

如果小朋友仔细观察，就会发现人民币上有几个小黑点。这些小黑点不是什么特殊的防伪标识，而是为了方便盲人使用的盲文。这些小黑点是凸起的，盲人在使用人民币时，只要仔细摸一下，就知道手里的钱是多大面额的了。

20元样币

钱和币

古代铜钱

“钱”是我国对“货币”的俗称。为什么称货币为“钱”呢？原来，在漫长的商品交换发展史中，不是一开始就用黄金作为一般等价物的，而是先用牲畜。由于牲畜的大小、肥瘦、雌雄不同，加之不能分割，不易携带、保管，后来就逐渐被谷、帛所代替。然而用谷、帛充当一般等价物也引起很多麻烦，人们就又以武器和生产工具等实物作为一般等价物，进行商品交易。我国古代有一种农具，当时名称即为“钱”，由于它在较长时间里被当做交换的等价物，因此货币就通称为“钱”了。

超级链接

99 为什么黄金特别贵重

智慧问答

金元宝

黄金

黄金之所以贵重，原因有二：其一，黄金在地球上的储量很少，并且分布不均，在矿藏中主要以游离态存在，开采困难；其二，黄金的性质稳定，在 1 000℃时也不熔化、不变色，易于保存。

俗话说得好：物以稀为贵，所以黄金便成了保值品。黄金很早就作为货币流通，所以特别贵重。

知识快车

你了解黄金的性质吗？

黄金延展性好，是制造精密仪器的重要材料，广泛应用于航天、军事等领域。黄金易于加工，又能保值，所以被制成各种首饰，既美化了生活，又成为人们进行经济运作的有效手段。

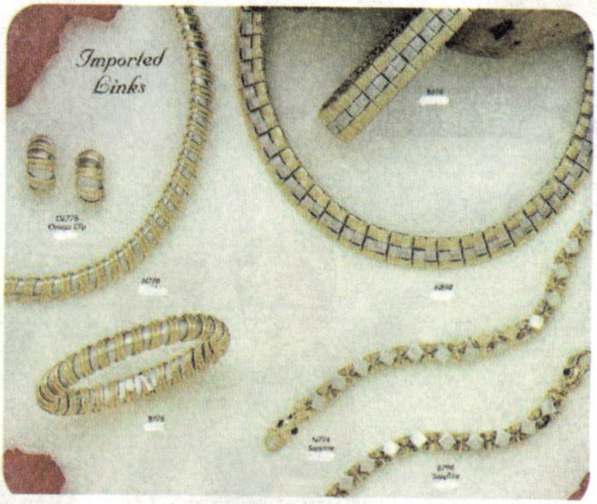

金制饰品

超级链接

淘金

淘金热

18世纪末、19世纪初美国西部发现多处金矿，全国骤然兴起淘金热。有些幸运儿因淘金而一夜暴富。这波“淘金潮”推动了美国移民西进的浪潮，促进了美国西部地区的开发。

100 什么是 OICQ

智慧问答

笔记本

OICQ 是深圳市腾讯计算机系统有限公司开发的一款基于 Internet 的即时通信(IM)软件，简称 QQ。QQ 支持在线聊天、视频电话、共享文件、网络硬盘、自定义面板、QQ 邮箱等多种功能。QQ 把天南海北的人联系起来，实现了人们广泛交流的愿望。

腾讯 QQ

知识快车

如何申请 QQ 号码？

在 QQ 登录界面中点击“申请号码”，在弹出“申请号码”窗口中选择申请免费 QQ 号码，或为您需要的号码服务。然后进入 QQ 号码申请页面：http://im.qq.com/qq/reg_freeqq.shtml，确认供应商所提供的服务条款，填写各项必填的“基本信息”，选填或留空“高级信息”，然后点击“下一步”，就可获得免费的 QQ 号码。

申请 QQ 号

超级链接

通讯软件

QQ 是中国目前处于领先地位的通讯软件。此外，还有微软的 MSN、网易的 POPO、yahoo 的雅虎通。之后还有一些新浪的 UC、搜狐的搜 Q、TOM 的 Skype、263 的 E 话通、AOL 的 ICQ 等等。

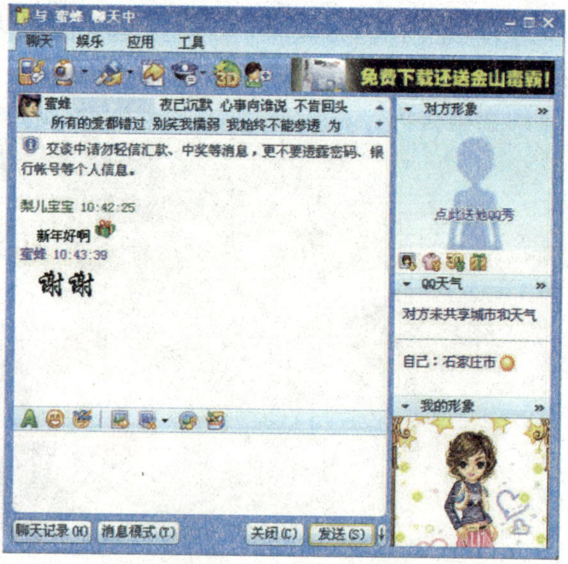

用 QQ 聊天